L'IRRESISTIBILE ATTRAZIONE DEL DIVINO

Swami Amritaswarupananda Puri

Mata Amritanandamayi Center
San Ramon, California, Stati Uniti

L'irresistibile attrazione del Divino
Swami Amritaswarupananda Puri

Pubblicato da:
Mata Amritanandamayi Center
P.O. Box 613
San Ramon, CA 94583
Stati Uniti

—————— *The Irresistible Attraction of Divinity (Italian)* ——————

In Italia:
www.amma-italia.it

In India:
www.amritapuri.org
inform@amritapuri.org

INDICE

DEDICA

dhyāyāmaḥ suvibhātabhānuvadanām
sāndrāva bōdhātmikām
tattvajñānavibhūṣitāmabhayadām
tacchabdavidyōtikām
mandasmērasubhāṣitairnatikṛtām
sarvārtividdvamsikām
brahmānanda parāyaṇāmatulitā-
mambāmṛtākhyām parām

Meditiamo su Amma, dal viso radioso come il sole nascente, Incarnazione della pura consapevolezza, adorna del gioiello della saggezza spirituale, Rifugio dei devoti, Colei che accende la fiamma della conoscenza del Supremo nei cuori dei discepoli, e che, con il Suo dolce sorriso e le Sue parole di ambrosia, dissolve il dolore di chi soffre. Dimorando perennemente in Brahman, il Supremo, è senza pari ed è conosciuta con il nome di Amrita.

ōm prēmāmṛtānandamayai
nityam namō namaḥ

INTRODUZIONE

L'amore è l'unica cosa al mondo che esercita un'attrazione irresistibile. È il sentimento dominante in tutti gli esseri viventi. Indipendentemente dal nostro vissuto, dalla nostra nazionalità, dalla lingua che parliamo e dallo strato della società a cui apparteniamo, il potere dell'amore è condiviso da tutta l'umanità e forse dall'intero creato.

Sebbene sia la stessa, l'energia che si cela dietro l'amore si manifesta in modo diverso in base ai *samskara* (le tendenze latenti) di ognuno. Ecco cosa Amma dice a riguardo: "Per uno scienziato l'amore è strettamente associato ai protoni e ai neutroni. Un poeta o un oratore considera amore le parole, mentre altri identificano l'amore con il cibo. Tutti amiamo coloro che ci sono vicini e cari. Per un artista l'amore è rappresentato dal colore. Per un bambino l'amore è la sua mamma, mentre per un'ape è il fiore. Per un devoto, però, l'amore è Dio e allo stesso modo, per un discepolo, il Guru è l'amore".

Gli esseri umani sono considerati la specie più evoluta. Di conseguenza, oltre ad esprimere la bellissima energia dell'amore a livello fisico ed emotivo, dovremmo anche indirizzarla a uno scopo più alto. Quale? Realizzare la realtà riguardo alla nostra esistenza, il vero tessuto di cui siamo fatti. Permettetemi di citare le parole di Amma: "L'amore è l'unica lingua che tutti, comprese le piante, gli animali e gli oggetti inanimati, possono capire. È un linguaggio universale. L'amore è il purificatore più grande e il trasformatore più potente".

L'ashram di Amma di Amritapuri ha due cani: Tumban e Bhakti, un maschio e una femmina, raccolti dalla strada quand'erano ancora dei cuccioli. Se qualcuno gode di una libertà fisica assoluta all'interno dell'ashram, sono proprio loro. Possono andare ovunque, persino nella stanza di Amma, sul suo letto e sul palco del darshan. Nessuno mette in discussione la loro autorità. Questi due cani hanno una connessione speciale con Amma. Il modo in cui si comportano davanti a lei e l'amore e l'attenzione che Amma presta loro sono qualcosa d'inimmaginabile. Impossibile negarlo. Osservandoli, non si può fare a meno di chiedersi: "Chi sono questi due cani?".

Tumban e Bhakti assistono scrupolosamente all'*archana* mattutina (recitazione dello *Sri Lalita Sahasranama*, i 1.000 nomi della dea Lalita Parameswari, seguita dal canto degli *stotram* del *Mahishasura Mardini*) e ai *bhajan* della sera insieme a tutti i residenti dell'ashram. Quando Amma canta, si assicura che ci sia abbastanza spazio sul suo *pitham* (seggio) in modo che Tumban possa sdraiarsi comodamente di fianco a lei. Mentre lui condivide lo stesso seggio con Amma, Bhakti, strisciando, si sdraia sotto il *pitham*. Non si siede mai sul *pitham*, anche se ci sarebbe abbastanza posto e anche quando Tumban non c'è!

Un altro aspetto di questo loro legame con Amma è l'immenso desiderio che entrambi hanno di ricevere il suo amore e la sua attenzione, soprattutto Tumban. Spesso quest'ultimo mostra il desiderio di essere amato. In molte occasioni si avvicina ad Amma volendo essere accarezzato. Ecco come si comporta: solleva la zampa anteriore e solleva o tocca gentilmente la mano di Amma, mimando il gesto di essere accarezzato sulla testa. Ovviamente Amma accoglie sempre tale richiesta. Quando lei smette, lui ripete il gesto. Il punto è che persino gli animali e le piante rispondono al vero amore.

L'amore è un'alchimia. Ha il potere di trasformare tutto e tutti e dà un'identità persino a un oggetto inanimato. Amma dice: "Diamo un nome ai nostri cani e ai nostri gatti, non è così? Il nome produce un grande cambiamento, crea un mutamento nel nostro mondo interiore. Improvvisamente, quell'animale o quell'uccello diventa un individuo, acquisisce una personalità". L'amore che abbiamo in noi è il potere che conferisce un'identità all'animale, elevando il suo stato a quello di qualcuno che ci è molto caro. Nella nostra mente, il cane, il gatto o l'uccello subiscono una trasformazione, anche se fino a qualche attimo prima erano uno dei tanti cuccioli o piccoli in un negozio per animali o in un canile! In realtà, questo è il vero miracolo.

Ogni albero dell'ashram di Amma di San Ramon, in California, ha un nome. Il nome gli assegna uno stato speciale e fa mutare la percezione che i residenti e i visitatori hanno di quest'albero. I bambini danno un nome ai propri giocattoli, alle proprie bambole od orsacchiotti, e così via. Una volta dato il nome a una bambola, questa non è più un oggetto inanimato ma diventa viva; prova fame, sete, ha bisogno di dormire, ecc. I bambini la trattano come un essere umano.

Il bisogno spontaneo di provare amore, di esprimere amore e di essere amati è innato nei bambini, negli adulti, negli animali e nelle piante (anche se non in modo così lampante).

L'amore è importante come l'aria che respiriamo. L'amore è indispensabile per vivere appieno la vita, o meglio, è il fondamento del nostro essere, la nostra essenza, il sostrato stesso della nostra esistenza. È la forma più pura di energia e la fonte di questa energia perenne è dentro di noi. Più scendiamo nelle profondità della sorgente dell'amore, più le camere segrete del nostro cuore si aprono. Più amore alberga nel nostro cuore, più miracoli accadono nella nostra vita. Chiamiamo questi eventi "miracoli", "esperienze straordinarie" o "imprese impossibili".

Al di là del nome che diamo loro, sta di fatto che è l'amore che ci avvicina al nostro Sé, a Dio, alla creazione. Quando ci innamoriamo della creazione, lei s'innamora di noi. A poco a poco questa attrazione si trasforma in una relazione d'amore straordinaria, in un abbraccio che crea un legame; alla fine la dualità scompare e si diventa una cosa sola. Questa relazione d'amore è l'inizio di una condivisione reciproca che non ha fine.

Quando l'amore che è dentro di noi si desta e sboccia completamente, entriamo automaticamente in sintonia con l'universo. Non solo in passato, ma anche oggi, molti scienziati eminenti hanno una grande ammirazione per l'universo e lo osservano con immenso stupore. La profondità del loro amore li induce a sondare le profondità dei suoi misteri. L'illustre scienziato Carl Sagan ha dichiarato che "Per creature piccole come noi, la vastità è sopportabile solo attraverso l'amore".

In Amma vediamo una dimensione completamente differente di questo amore. Lei lo ha innalzato a uno stato trascendente che va al di là di ogni limite. Amma è infatti *"Brahmavid"*, una conoscitrice della Pura Coscienza, colei nella quale conoscere ed essere sono un tutt'uno. Stabilita eternamente nello stato di *sahaja samadhi* (il grado più alto di realizzazione spirituale), è venuta tra noi per aiutare chi è alla ricerca della Verità. In Amma percepiamo l'incommensurabile profondità e la misteriosa vastità dell'amore supremo.

Sebbene la vediamo costantemente occupata in varie attività, quali amministrare gli otto campus dell'Amrita University, fornire suggerimenti sulla ricerca scientifica agli studenti e sulla gestione delle facoltà, adottare i villaggi rurali più poveri dell'India, aiutare queste comunità guidandole verso uno sviluppo sostenibile, o dare il darshan a migliaia e migliaia di persone ogni giorno, Amma è sempre tutt'una con la realtà trascendente e rimane radicata nella pace e nella beatitudine mentre compie ogni azione.

Quando colui che conosce il *Brahman* sceglie di stare nel mondo mosso da una compassione infinita per l'umanità, produce un'irresistibile attrazione per il Divino. Nulla – nessuna forza umana né soprannaturale – può neutralizzare l'ammaliante potere di un *Satguru*, un maestro spirituale che ha raggiunto l'illuminazione o ha realizzato il Sé, che per pura compassione aiuta le persone ad attraversare l'oceano del dolore. È come la forza gravitazionale terrestre verso la quale tutto si muove.

Il *Satguru* è come una lente d'ingrandimento che amplifica ogni nostra più piccola negatività. Non è possibile nascondere la verità dinanzi al

Guru. Per un *sadhak* (ricercatore spirituale) che nutre l'intenso desiderio di realizzare Dio dentro di sé, stare in sua presenza è la situazione più favorevole per esplorare il mondo sconosciuto della spiritualità. Come un'abile e sapiente guida turistica, Amma ci condurrà in questo viaggio nel quale il nostro unico compagno sarà il *Satguru*. La pioggia di puro e incessante amore materno che riversa su di noi, la saggezza infinita che ci offre, la profondità della sua comprensione e la bellezza divina del suo stato di realizzazione, rendono questo viaggio una celebrazione. Al tempo stesso Amma ci disciplina con l'affetto di un grande e straordinario genitore, consentendoci di crescere e vincere le nostre tendenze inferiori, le *vasana* che ostacolano il nostro cammino.

Il primo passo di questo viaggio è risvegliare in noi l'amore innato. Dopo aver riacceso la luce dell'amore interiore, Amma si assicura che la sua fiamma continui a splendere. Nella luminosità cristallina di quell'amore passiamo attraverso un processo di purificazione.

Gradualmente, man mano che l'amore dentro di noi è purificato, anche la nostra presa di coscienza, il nostro livello di consapevolezza, aumenta; si risveglia il nostro potenziale interiore e possiamo accedere a piani di esistenza sconosciuti.

Il legame Guru-discepolo è la relazione più rara. La si può descrivere solo servendosi di storie, esperienze personali, citazioni delle Scritture e quant'altro. Questo legame è anche il tema di questo libro, una raccolta e una rielaborazione di alcuni miei discorsi pubblici e articoli.

Ecco alcuni punti principali che verranno trattati: il *Satguru* e l'universalità del principio del Guru, la natura onnicomprensiva del Guru, il motivo per cui il *Satguru* e Dio sono un tutt'uno, l'unicità della relazione Guru-discepolo, l'importanza dell'amore innocente, la grazia, l'attrazione irresistibile del Guru e altri temi spirituali.

Riterrò una benedizione se questo libro potrà accendere una scintilla nella mente dei lettori. Tuttavia ciò che più conta è che ogni sua parola, ogni vicenda che racconta non è che un piccolo riflesso del *Satguru* Amma che dimora in me. Ciò che sono adesso, ammesso che abbia raggiunto qualcosa, è solo in virtù dell'infinita grazia di Amma e della sua guida. Senza di lei non sono nulla.

Questa introduzione sarebbe incompleta se non menzionassi con gratitudine Sneha (Karen Moawad), che mi ha aiutato con grande dedizione e altruismo nel processo di revisione di questo libro. Sono l'amore e la devozione che prova per Amma ad averla ispirata a profondere così tanto tempo ed energia. Non ho parole per esprimerle la mia gratitudine.

Concludo citando il defunto presidente dell'India, APJ Abdul Kalam, eminente scienziato e uomo di grande levatura: "Quando Dio vi spinge al limite delle difficoltà, fidatevi totalmente di Lui perché possono accadere solo due cose: vi afferrerà quando cadrete o vi insegnerà a volare". Amma non solo ci insegna a librarci in alto, nel cielo della coscienza di Dio, ma anche a diventare un tutt'uno con Lui.

Swami Amritaswarupananda Puri
Mata Amritanandamayi Math
Amritapuri. P.O. Kollam, Kerala
India

1 | IL SANKALPA DI AMMA

Le persone aprono il loro cuore ad Amma durante il darshan. Mentre ascolta le loro pene, lei sussurra affettuosamente nelle loro orecchie: *"Makkale, Amma sankalpikkam"*, ovvero, "Figli, Amma farà un *sankalpa*" (intenzione divina). Parole familiari ai devoti, non solo dell'India ma di tutto il mondo. Molte persone pongono questa domanda: "Amma ha detto che avrebbe fatto un *sankalpa*. Cosa significa? Vuol dire che ci penserà o che pregherà?".

Prima di rispondere, sarà utile tenere presente che gli indù pregano abitualmente l'Essere Supremo, *Brahman*, o le tre manifestazioni di Dio: Brahma, il Creatore, Vishnu, il Sostenitore, e Shiva, il Distruttore (affinché il ciclo della creazione possa ricominciare). Possono anche rivolgere le loro preghiere a incarnazioni di Vishnu, quali Rama o Krishna, oppure ad altre figure divine come Amma. Il termine *"sankalpa"* utilizzato dagli esseri illuminati non si riferisce a un semplice pensiero e non è neppure una preghiera, come la intendiamo abitualmente. Un *sankalpa* è un'intenzione molto sottile, e quindi molto potente, che solo un Maestro che ha realizzato il Sé può formulare avvalendosi della sua *Iccha Shakti*: la forza di volontà con cui controllare, risolvere o eliminare una situazione negativa o produrre un cambiamento positivo. Solo un'anima illuminata, che è oltre le preferenze e le avversioni ed è uno con il Tutto, può farlo. La *Brhadaranyaka Upanishad* dichiara:

sō' kāmayata dvitīyō ma ātmā jāyētēti

Egli desiderò, o Dio desiderò, che da Lui nascesse un secondo Sé. (1.2.4)

Così ebbe origine la creazione o il mondo che vediamo. Il mondo è come l'abito dell'Essere Supremo ed è quindi chiamato "secondo Sé". Le *Upanishad* lo definiscono "secondo Sé" per le miriadi di nomi e di forme che vediamo. Pertanto, c'è un senso di "alterità" in questo mondo. Questo riferimento al "secondo Sé" indica anche che il mondo non è la realtà vera e propria, ma un suo riflesso.

La realizzazione di questa unità, il sommo segreto presente che si cela dietro al mondo con i suoi nomi e le sue forme diversi, permette a colui che lo conosce di avere il controllo dei cinque elementi. Pur avendo il controllo sulla materia che costituisce il cosmo, questi esseri illuminati non utilizzano i propri poteri per turbare le leggi dell'universo. In altre parole, la volontà di un'anima illuminata e la volontà del cosmo sono una, in perfetta sintonia. Un Maestro realizzato è anche un *trikala jnani*, ovvero conosce le tre dimensioni del tempo (passato, presente e futuro). Tale Maestro o Maestra può infondere facilmente energia pura in ogni cosa animata o inanimata, elevandola, oppure acconsentire alla richiesta che gli viene rivolta e soddisfare desideri o garantire obiettivi materiali o spirituali purché non siano nocivi ed egoistici. Il *sankalpa* è quindi qualcosa che scaturisce dalle profondità dell'essere di un Maestro perfetto, di un *Satguru*, e anche chi lo riceve dev'essere qualificato ad accoglierlo e a mantenere la purezza di tale *sankalpa* divino.

Questa trasmissione di energia si chiama *sankalpa*. Si tratta di un'energia assai più potente della materia e ha la capacità di rendere possibile anche l'impossibile. Potremmo definire il *sankalpa* "un ordine emanato da chi detiene il controllo supremo degli elementi". Non dobbiamo però pensare che formulare questa intenzione sia l'unico scopo dei Maestri che hanno realizzato il Sé. Teniamo presente che nella creazione di un *sankalpa* intervengono numerosi fattori, per lo più invisibili, che vanno oltre la nostra comprensione.

In sostanza, è difficile definire il *sankalpa* di un grande maestro come Amma. Si tratta di una rivelazione, un momento benedetto o una situazione che accade, forse grazie a un'esperienza elevante e piena di beatitudine. Il Guru lo accorda conoscendo il cuore del devoto e il modo sottile in cui operano il *dharma* e il *karma* di costui (ovvero la natura da una prospettiva sia materiale che spirituale).

Potremmo dire che è un processo attraverso cui il Maestro infonde al devoto o al discepolo una particella del Divino, un frammento della sua energia infinita, affinché l'allievo la nutra come fosse un feto nel grembo, mediti su di essa e giunga gradualmente al proprio compimento.

Quando Amma dice che farà un *sankalpa*, significa anche che agirà nella totale conoscenza del ritmo e della melodia del cosmo. In sostanza, la risoluzione di un *Mahatma*, di un Maestro perfetto, di un *Satguru* che è oltre la comprensione umana, si manifesta come un'esperienza potente ed edificante.

Permettetemi di condividere questa esperienza personale.

Trent'anni fa, nel settembre del 1986, stavamo celebrando il 33° compleanno di Amma nel vecchio tempio, noto come *kalari*, con un gruppetto di rinuncianti e di devoti. Amma non era ancora stata all'estero, ma aveva appena accolto l'invito di alcuni devoti di recarsi negli Stati Uniti ed assegnato il compito di organizzare i programmi oltreoceano a Kusumam (Gretchen McGregor).

Alla vigilia della sua partenza per gli Stati Uniti, Kusumam si inchinò ad Amma per ricevere la sua benedizione. Lei la abbracciò affettuosamente e le disse: "Figlia mia, non chiedere mai nulla e tutto arriverà".

"Le parole di Amma alla vigilia della mia partenza mi echeggiavano nelle orecchie mentre attraversavo gli Stati Uniti preparando il primo tour mondiale di Amma", ricorda Kusumam.

Sei mesi dopo, il 23 marzo 1987, Swami Paramatmananda (Neil Rosner) ed io eravamo pronti ad andare negli Stati Uniti e raggiungere Kusumam per preparare il primo tour del mondo di Amma. Sarei stato lontano dalla presenza fisica di Amma per ben due mesi. Anche se il dovere mi chiamava, mi sentivo triste e avevo il cuore spezzato per la separazione. Mentre mi accomiatavo, quando mi prostrai ai piedi di Amma, lei mi tenne stretto a sé e con compassione mi sussurrò all'orecchio: "Figlio, Amma è con te; il *sankalpa* di Amma è con te".

Partimmo. La prima tappa del viaggio era Singapore. Dopo una sosta di due giorni, prendemmo il volo per San Francisco dove atterrammo il 26 marzo. Dall'aeroporto ci recammo immediatamente a Oakland, a casa del fratello maggiore di Swami Paramatmananda, Earl Rosner.

Ricordo ancora la casa e i suoi dintorni perché, da quando avevo lasciato Amma ed ero salito sull'aereo a Kochi, il mio cuore era sprofondato nell'angoscia e, quando giunsi ad Oakland, l'angoscia si era trasformata in un dolore profondo. Anche se erano trascorsi soltanto pochi giorni, fu in quella casa che sentii molto intensamente lo struggimento dovuto alla mia separazione da Amma.

Eravamo sul finire dell'inverno, ma faceva ancora piuttosto freddo. Fin dai primi chiarori, quando i primissimi raggi del sole accarezzavano la terra, una grande varietà di uccelli cantavano le loro melodie, offrendoci un concerto che ci accompagnava fino al tramonto. Sugli alberi, che avevano perso le loro foglie sotto gli assalti dell'inverno, stavano spuntando le prime tenere foglioline. Le piante iniziavano lentamente a fiorire. Gocce di rugiada riflettevano i raggi del sole sulle foglie e sui fiori.

Il mio cuore soffriva: "Mi trovo dall'altra parte del mondo. Sono lontano da Amma, la distanza che mi separa da lei è come quella tra il giorno e la notte". Ma lo *svadharma*, il compito che Amma mi aveva affidato, divenne il richiamo che mi risvegliò da questo stato: "Devo preparare la visita di Amma".

Avevamo programmato un pre-tour di quaranta giorni negli Stati Uniti, prima che i sacri piedi di Amma toccassero il suolo americano. Avevamo organizzato dei programmi in molte località. Rimanemmo cinque giorni ad Oakland e conducemmo dei programmi nella zona della baia di San Francisco. Il resto del tour sarebbe iniziato il mattino presto del primo aprile, andando prima a Seattle per poi tornare ad Oakland. Da lì ci

saremmo recati a Madison, nel Wisconsin, per-
correndo una distanza di circa 8.000 chilometri.

Il nostro gruppo era composto da sette persone.
Decidemmo di caricare i bagagli nel veicolo la sera
prima della partenza. Jack Dawson, un devoto,
ci aveva gentilmente donato un furgoncino, che
però non era ancora arrivato. Kusumam, che
aspettava sul ciglio della strada, finalmente ci
chiamò: "Il furgoncino è arrivato. Cominciamo
a caricare i bagagli!". Fu allora che vidi il mezzo
che ci avrebbe condotto per tutto il lungo viaggio.
Ero esterrefatto. Francamente, mi aspettavo di
vedere un veicolo abbastanza grande e in buono
stato. Dopotutto eravamo negli Stati Uniti! Ma
quello che vidi davanti alla casa fu un furgoncino
Dodge, che assomigliava al vecchio modello di
un comune pulmino indiano; in altre parole, un
pezzo d'antiquariato.

Mi assalì un dubbio: era davvero questo il
veicolo? Guardai Kusumam, che dissipò il mio
dubbio: "Ebbene sì, è questo! Non siamo riusciti
a trovare altro". A me sembrava pronto per essere
rottamato e stavo per sbottare ed esclamare:
"Oddio! Questo furgoncino riuscirà ad accom-
pagnarci per tutto il tour?".

Ma subito mi controllai. No! Amma non ci aveva dato la sua assicurazione? "Figlio, Amma è con te, Amma ha fatto un *sankalpa*", aveva detto. Perché dunque questi dubbi e queste domande? Questa era la volontà di Amma.

Dietro di me sentii la voce di Swami Paramatmananda che diceva: "Sì, è un vero e proprio catorcio, ma non preoccupiamoci di come appare o di quanto vecchio sia. Sarà il potere di Amma a farlo funzionare! Quindi, forza, cominciamo a caricare i bagagli!".

Si trattava del mio primo tour all'estero, mi trovavo in un mondo a me sconosciuto, che aveva una cultura e delle abitudini completamente diverse dalle mie. Potevamo contare soltanto sul sostegno di un pugno di persone. Ma Amma non era con noi? Il suo *sankalpa* non ci avrebbe aiutato? Confidando in questo, ci mettemmo finalmente in viaggio.

Nei successivi quaranta giorni, il furgoncino divenne letteralmente il nostro rifugio, servendoci come un amico fedele. Vi svolgevamo ogni tipo di attività: cucinare, mangiare, dormire, meditare, pregare, praticare lo yoga.

"Da un momento all'altro questo veicolo potrebbe, dopo un sussulto finale, fermarsi definitivamente. Rischiamo di rimanere bloccati in un luogo deserto, senza nessun aiuto. Non potremo presentarci ai programmi!", questi timori ci assalivano spesso. Se ciò fosse accaduto, non avevamo un piano B. La nostra fede in Amma era tutto il nostro piano: A, B, C. Lei era la nostra unica compagna. Dovemmo affrontare parecchi ostacoli e difficoltà. Ogni volta che con ansia ci chiedevamo: "E adesso?", qualche sconosciuto ci veniva in aiuto. Fu così che Amma apparve sotto numerosi nomi, diverse forme e in vari frangenti.

Il nostro viaggio ci portò a traversare montagne, deserti, grandi città e villaggi. Parlavamo di Amma, condividevamo le nostre esperienze, cantavamo *bhajan* e conducevamo *satsang* e meditazioni. Facemmo la conoscenza di molte persone che in seguito avrebbero guidato la missione di Amma negli Stati Uniti. Parlammo loro di questa figura straordinaria che è Amma.

Il furgoncino, ribattezzato "Nonno Dodge", ci accompagnò per quaranta giorni, senza mai mettere il broncio o lamentarsi, servo obbediente di un potere invisibile. A poco a poco la nostra vita fu avvolta da un'atmosfera da ashram, in cui si respirava la presenza di Amma.

Il viaggio stava per concludersi. Eravamo ora a Madison, la nostra destinazione finale. Da lì avremmo preso un autobus per Chicago. Dovevamo ancora recarci a New York e a Boston. L'arrivo di Amma era previsto per il 18 maggio. Avremmo dovuto ritornare prima di quella data.

Il giorno in cui arrivammo a Madison, il nostro "servitore fedele", il furgoncino Dodge, esalò l'ultimo respiro, dopo aver sinceramente adempiuto la missione che "qualcuno" gli aveva assegnato. Facemmo di tutto per rianimarlo, ma non ci riuscimmo. Swami Paramatmananda, con le mani giunte, disse: "Questo può essere solo il *sankalpa* divino di Amma". In effetti tale frase fu una rivelazione. Con nostra sorpresa scoprimmo anche che Jack Dawson, la persona che ce l'aveva offerto per il nostro viaggio, era originario di Madison…! In qualche modo Dodge sapeva di essere tornato a "casa".

Questa fu una delle tante esperienze che mi svelarono il significato di "*sankalpa* divino". Balenò in noi l'idea che quel vecchio veicolo non fosse un semplice assemblaggio di pezzi inanimati di metallo e di un motore. Non riuscivamo più a vederlo sotto quell'aspetto. Ci sembrava un essere vivente che aveva obbedito agli ordini di un potere sconosciuto e misterioso. Questo cambiamento di percezione cambiò radicalmente il nostro atteggiamento nei suoi confronti. Prima di lasciare Madison, eseguimmo l'*arati*, gli offrimmo fiori, ci prostrammo e salutammo per sempre quel buon amico, manifestazione visibile dell'intenzione di Amma, che si era consumato nel compiere il compito assegnatogli.

Per ognuno di noi, il pulmino colorato Dodge fu una grande lezione e una metafora perfetta dell'abbandono. Non avevamo le possibilità di organizzare un pre-tour e non avevamo neppure un mezzo di trasporto. Così, quando Jack Dawson offrì il suo furgoncino, capimmo che Amma ci stava fornendo il mezzo di trasporto "senza che l'avessimo chiesto", sebbene all'inizio lo avessimo definito un "rottame". Sì, era vecchio, con al suo attivo più di 160.000 chilometri, ma mentre compiva il "compito affidatogli, con grande dedizione e altruismo", cominciammo a vederlo come un "pullman maestoso" materializzato dal nulla, l'esempio perfetto di come un *sankalpa* divino può compiere meraviglie.

Mentre percorrevamo le migliaia di chilometri necessari per completare i primi quaranta giorni di pre-tour – da Oakland al Monte Shasta, Miranda, Seattle, Santa Fe, Taos, Boulder, Chicago e Madison –Swami Paramatmananda, Kusumam e io non avevamo idea dell'immensità della missione che Amma ci aveva affidato e dei suoi sviluppi futuri. Sapevamo solo che dovevamo spargere la voce dell'imminente arrivo di Amma. Eravamo contenti, entusiasti, ispirati e anche scrupolosi nel praticare la *sadhana*.

Le incarnazioni divine agiscono sempre con uno scopo ben preciso. La loro mente è vasta quanto l'universo e limpida come il cielo. Non hanno alcun dubbio né confusione. Per realizzare i propri obiettivi possono infondere sentimenti o sensazioni (che non sono la percezione o il pensiero) persino negli oggetti inanimati. Se questo *sankalpa* e questa benedizione ci accompagnano, non c'è nulla nell'intero universo che non possiamo compiere…

Quel Potere supremo che si sprigionò da un pilastro per salvare Prahlada[1] può apparire in ogni luogo e sotto ogni forma a un devoto che si abbandona completamente a lui perché non è delimitato dallo spazio né dal tempo; non gli occorre neppure uno strumento particolare per manifestarsi. Grazie a un *sankalpa* divino, persino gli animali possono recitare i mantra vedici.

La vita del santo Jnanadeva di Alandi, nel distretto di Pune, nello stato del Maharashtra, ne è un esempio. Anche se nacque in una famiglia di bramini, a Jnanadeva e ai suoi fratelli fu negato lo stato sociale di bramino perché il padre aveva lasciato la vita monastica per sposarsi e creare una famiglia. Ai suoi quattro figli non fu quindi permesso di studiare i *Veda* o altre Scritture

---

[1] Prahlada era un devoto del Signore Vishnu, animato da una fede incrollabile. Pur essendo costantemente perseguitato dal padre, il demone Hiranyakashipu, la fede di Prahlada nell'onnipresenza del Signore non vacillò mai e lo salvò nelle numerose prove e avversità a cui andò incontro. Un giorno, in risposta alla domanda sarcastica del padre: "Il tuo Dio è anche in questo pilastro?", Prahlada rispose con calma: "Sì". Questa risposta fece infuriare Hiranyakashipu che colpì con la spada il pilastro da cui uscì Narasimha, l'incarnazione del Signore Vishnu la cui forma è metà uomo e metà leone. Narasimha uccise Hiranyakashipu.

sacre. Le autorità religiose fecero orecchie da mercante alle loro richieste di riconoscimento della loro posizione sociale. Di fronte a tale rifiuto, Jnanadeva disse a questi dotti che la loro conoscenza non valeva nulla e che lui avrebbe potuto far recitare i *Veda* perfino a un bufalo. Ordinò quindi a un bufalo che si trovava lì vicino di recitare i *Veda* e, con grande stupore di tutti, questi cominciò a salmodiarli...! Un'altra storia, che ha sempre questo santo come protagonista, narra che Jnanadeva chiese a un muro di spostarsi e che il muro ascoltò "l'ordine del suo maestro" e si spostò.

Queste sono alcune delle prodigiose storie dei saggi vissuti in passato. Ad ogni modo, è possibile qui e ora, alla sacra presenza di Amma, constatare e vivere in prima persona ogni istante come una manifestazione di quel potere infinito e della grandezza del *sankalpa* di Dio.

2 | LA QUINTESSENZA DEL VEDANTA

Dopo aver ricevuto il darshan di Amma, alcuni mi dicono: "Quando mi sono avvicinato ad Amma la mente è diventata vuota. Tutte le domande sono scomparse. Non sono riuscito a dire nulla di ciò che volevo dire". Altri affermano: "Quando Amma mi ha abbracciato, ho iniziato a piangere. Non riuscivo a dire una parola. Mi chiedo se Amma abbia capito i miei problemi". Ve ne sono altri ancora che dichiarano: "Mi sono sentito così in pace e felice alla presenza di Amma che ero in uno stato di totale raccoglimento interiore. Non ho mai fatto esperienza di un tale amore". C'è anche gente che alla presenza di Amma si apre completamente, confidandole ogni preoccupazione e paura, collera e altre negatività e poi si sente sollevata e rilassata.

In tutto il mondo, quando le persone ricevono il darshan di Amma vivono una di queste esperienze. Perché piangiamo o diventiamo silenziosi davanti a lei? Perché ci sentiamo così felici e in pace alla sua presenza? Cosa ci induce a condividere con lei tutte le nostre emozioni quando siamo al suo cospetto? La risposta a queste domande è il suo amore puro e assoluto.

Il suo abbraccio è il tocco dell'amore infinito. Entrare in contatto con tale purezza farà sbocciare ciò che è già dentro di noi. Si tratta dello stesso principio che permette la magnetizzazione di una sbarra di ferro. Quando si strofina una sbarra di ferro contro un magnete, essa si magnetizza. Allo stesso modo, essere in presenza dell'amore infinito ravviva il nostro amore assopito. In tal modo forse potremo intravedere la vastità immensa dell'amore e, una volta gustata, il desiderio di farne ripetutamente esperienza sorgerà e si intensificherà man mano.

Alcuni giornalisti chiedono ad Amma: "Pensi che un semplice abbraccio possa trasformare le persone?". "Non si tratta di un semplice abbraccio fisico", risponde Amma, "Si tratta di un vero incontro, un incontro di cuori. Io fluisco in loro e loro fluiscono in me".

Altri le fanno questa domanda: "Stai seduta e abbracci le persone per ore. Chi ti abbraccia?". "L'intera creazione mi abbraccia. Noi siamo in un abbraccio eterno. È il tocco di questa totalità di energia pura d'amore che crea la trasformazione", è la sua risposta.

Il suo amore puro e disinteressato fa emergere il forte contrasto tra l'amore puro e l'amore che vediamo nel mondo. Possiamo servirci di questo contrasto per innalzarci a sentimenti di amore più elevati. Nelle questioni che riguardano la vita e l'amore, l'amore di Amma ci aiuta a distinguere tra la qualità e la quantità.

Viviamo nel mondo non per come siamo realmente, ma avendo assunto un'identità acquisita attraverso il nostro nome, il potere, la posizione che occupiamo, i titoli di studio e così via. Anche gli altri ci riconoscono in base a queste identità e ci definiscono come il poliziotto, il funzionario pubblico, il politico, l'artista o l'amministratore delegato. In tal modo viviamo tutta la vita come se fossimo qualcun altro. Chiediamoci: io sono solo questi ruoli con i quali mi identifico e che la società mi ha attribuito, oppure ho un'altra identità? Chi sono io?

Che lo accettino oppure no, da un punto di vista spirituale, gli esseri umani hanno una crisi di identità che nascondono con tutto ciò che continuano ad acquisire lungo la loro vita. Finiscono così per perdere la strada e si identificano con ciò che hanno accumulato rimanendo nel guscio, considerato la loro vera dimora. La maschera è diventata una parte integrante della nostra vita. L'abbiamo indossata per così tanto tempo che l'abbiamo presa per il nostro vero volto, quello originale che si cela dietro questa maschera.

Quando Sri Shankara, l'esponente della filosofia *Advaita* (non duale), incontrò il suo Guru Govinda Bhagavatpada, questi chiese a Shankara: "Chi sei?".

Shankara rispose immediatamente con un verso in sanscrito composto in quell'istante, conosciuto più tardi come *Atma Shatkam* o *Nirvana Shatkam*:

manō buddhyahankāra cittāni nāham
na ca śrotrajihvē na ca ghrāṇa nētrē
na ca vyōma bhūmir na tējō na vāyuḥ
cidānanda rūpaḥ śivō'ham

Non sono la mente né l'intelletto,
non sono l'ego né la memoria,
non sono il senso dell'udito, né del tatto
e neppure dell'olfatto o della vista.
Non sono l'etere né la terra, il fuoco o l'aria.

Sono la pura Coscienza-Beatitudine,
sono Shiva, sono Shiva!

Ricordo un fatto accaduto agli inizi degli anni '80. C'era un uomo nel villaggio che insultava e criticava pesantemente Amma. Un giorno, mentre stava tornando all'ashram dopo aver fatto visita a una famiglia, Amma vide l'uomo vicino al molo dell'ashram che stava aspettando la barca con cui attraversare la laguna. Mentre scendevamo dalla barca sulla quale costui stava per salire, notammo che aveva una grave infezione a entrambe le braccia, coperte di pus e sangue. Senza pensarci due volte, Amma gli si avvicinò, gli chiese cos'era successo e poi gli accarezzò le braccia e le baciò, augurandogli ogni bene, e poi se ne andò. Profondamente commosso, l'uomo scoppiò a piangere.

Non occorre risalire a tempi lontani per trovare un esempio che ci mostra lo stato, la vera natura di Amma. È sufficiente recarsi in uno dei luoghi dove sta dando il darshan e osservarla per qualche istante.

Durante il tour europeo del 2018, Amma si fratturò il mignolo del piede destro. La dottoressa Priya, il medico del tour, era molto preoccupata e cercò in diversi modi d'immobilizzare il dito.

Mentre provava uno dei numerosi marchingegni, Amma ritrasse il piede e le disse che non voleva nessun tipo d'immobilizzazione.

Priya replicò dicendo: "Amma, sentirai tantissimo dolore… Ti avverto…". Amma la guardò e con uno sguardo sarcastico rispose: "Dolore? Decido io quando provare dolore… tu non puoi dirmi quando sentirò o non sentirò dolore". Non erano solo belle parole. Amma continuò a dare il darshan ogni giorno per oltre sedici ore con il dito fratturato! Dal punto di vista medico, tutto ciò è inspiegabile…

Queste sono solo alcune delle numerose volte in cui Amma mostra chiaramente che la sua felicità non dipende dall'ambiente che la circonda e nemmeno dalle condizioni di salute del corpo.

Le storie che narrano della maggior parte dei grandi maestri spirituali o delle persone che hanno servito la società in modo disinteressato, dando luogo a un cambiamento concreto e influenzando le menti di tutto il mondo, suonano all'incirca così:

"Tanto tempo fa, a Vrindavan c'era un bellissimo giovane di carnagione blu che si chiamava Krishna. Tuttavia…"

"Tanto tempo fa c'era un giovane principe di nome Rama che stava per essere incoronato re. Tuttavia..."

"Tanto tempo fa c'era un principe di nome Siddhartha, che in seguito divenne il Buddha. Tuttavia..."

"Tanto tempo fa c'era un giovane saggio chiamato Gesù di Nazareth, figlio di Maria e Giuseppe. Tuttavia..."

"Tanto tempo fa c'era una ragazza chiamata Sudhamani, che era molto compassionevole e desiderava intensamente realizzare Dio. Tuttavia..."

Cos'hanno in comune tutti questi racconti e storie? Iniziano con una vita che scorre placida, ma tutti noi sappiamo cosa viene poi. Ciò che segue è la parola "tuttavia". La parola "tuttavia" incombe costante, la troviamo in ogni storia. In effetti è ciò che rende la storia interessante: esprime il conflitto. Senza "tuttavia" non ci sarebbe nessuna storia.

La vita di Amma è colma di "tuttavia", ma per lei i "tuttavia" non sono affatto "tuttavia", sono semplicemente "eventi" che non causano nessun intoppo nel flusso della sua vita o nel cambiamento che cerca di produrre nel mondo.

L'assenza di paura è una delle caratteristiche di un Guru perfetto. Finché siete identificati con i risultati delle vostre azioni e vi considerate una mera entità fisica, dimentichi della vostra vera identità, non potete essere privi di paura. Siamo costantemente assaliti da ogni tipo di paura. Viviamo nella paura. Persino il nostro amore è stretto nella sua morsa. Per superarla dobbiamo intraprendere un altro viaggio, quello che ci conduce dal corpo all'anima. Questo viaggio, se completato con successo, termina nella totale assenza di paura. Persino la paura della morte scompare.

C'è un bellissimo verso di una poetessa del XIV secolo del Kashmir, una santa di nome Lalleshwari, che illustra sapientemente l'atteggiamento verso la morte di colui che ha raggiunto la Realizzazione.

> O Coscienza Infinita
> traboccante d'ambrosia
> che vivi nel mio corpo,
> io adoro solo Te.
> Non m'importa
> se muoio, nasco,
> o passo in un altro stato.
> Tutte queste cose, ora, sono così ordinarie.

I santi e i saggi ci dicono che il paradiso non è qualcosa a cui dovremmo aspirare dopo la morte. Il paradiso non è un luogo di villeggiatura di lusso in riva al mare che esiste lassù e che offre agi e piaceri 24 ore su 24, sette giorni alla settimana, 365 giorni all'anno. Il paradiso non è un concetto ma, piuttosto, una realtà di cui si può fare esperienza qui, mentre viviamo in questo mondo. È uno stato permanente di serenità mentale ed equanimità che elimina ogni traccia di paura. Una volta stabiliti in questa consapevolezza più alta rimarrete per sempre nella pace e nella beatitudine perfetta. Anche al momento della morte del corpo sarete nella beatitudine. Come ogni altro evento, anche la morte diventa uno dei tanti eventi e la potrete celebrare pienamente.

Una volta chiesero a un *Mahatma*: "Venerabile, è sicuro che andrà in paradiso quando morirà?".

Il *Mahatma* rispose: "Sì, certo".

"Ma come fa a saperlo?", chiese l'uomo, "Lei non è morto e non sa neppure cosa passa nella mente di Dio".

Il *Mahatma* replicò: "Stammi a sentire. È vero che non ho idea di cosa passi nella mente di Dio, ma conosco la mia mente. Io sono sempre colmo di pace e di beatitudine, ovunque mi trovi, anche se mi trovo all'inferno".

Non ho alcun dubbio che Amma sia assolutamente priva di paura. Non l'ho mai vista spaventata. Mai. È talmente radicata nel sostrato immutabile che non prova alcun briciolo di paura.

Nel 2002 aveva previsto di svolgere il suo programma in Gujarat in un periodo in cui c'erano molti disordini. Tutti i funzionari governativi e i devoti la pregavano di non andare, ma lei rispose pacata: "Non è necessario che chi ha paura di morire venga. Io vado".

Ricordo un altro episodio in cui mostrò la stessa assenza di paura. Durante lo tsunami del 2004 dell'Oceano Indiano, Amma non ci pensò due volte ad entrare nelle acque dell'inondazione. In qualsiasi momento sarebbe potuta arrivare un'altra ondata, ma Amma non era assolutamente preoccupata per se stessa. L'unico suo pensiero era la sicurezza dei suoi figli.

Amma non solo possiede *jnana* (la vera conoscenza), ma è anche *jnananishtha* (fermamente stabilita nella conoscenza). Impersona la definizione che Krishna dà nella *Gita* dello *sthitaprajna* (colui che dimora nello stato sublime della pura consapevolezza). Questo è la fonte della sua assenza di paura. L'attenzione di Amma non è rivolta ai fenomeni sempre mutevoli, ma all'immutabile sostrato. Ed è questo che la rende invincibile.

Amma incarna questi due versi della *Bhagavad Gita*:

nainam chindanti śastrāṇi nainam dahati
pāvakaḥ
na cainam klēdayantyāpo na śoṣayati
mārutaḥ
acchēdyō'yam adāhyo'yam aklēdyō'śoṣya eva
ca
nityaḥ sarva-gataḥ sthāṇur acalō'yam
sanātanaḥ

Le armi non possono colpire l'anima,
né il fuoco può bruciarla.
L'acqua non può bagnarla,
né il vento disseccarla.
L'anima non può essere distrutta,
né arsa né bagnata e neppure disseccata.
È eterna, onnipresente, inalterabile,
immutabile e primordiale. (2,23-24)

Come sapete, quando Amma tiene i suoi programmi accorrono decine di migliaia di persone. Tutti vengono accettati, nessuno viene respinto. E sarò onesto... a volte la gente che viene al darshan di Amma è mentalmente instabile, persino folle. Se vengono al programma 10.000 persone, ce ne saranno circa una decina che sono alquanto squilibrate. E alcune di loro... diciamo che, se mentre camminate, vedete che costoro stanno venendo nella vostra direzione, sicuramente vorreste attraversare la strada e andare sull'altro marciapiede. Alcune di queste persone arrivano sole, altre sono accompagnate dalla famiglia. Talune sono così alterate che urlano e dimenano le braccia. I devoti e i discepoli che fanno da assistenti al darshan di Amma in India devono a volte immobilizzargli le braccia per impedire che colpiscano Amma quando le benedice. La loro infermità è così grave che sembra che siano possedute da demoni. E, lo ammetto, i devoti e i discepoli che fanno da assistenti al darshan di Amma diventano spesso un po' inquieti perché queste persone potrebbero fare di tutto, essendo completamente fuori controllo. Potrebbero morsicarvi, colpirvi o persino strangolarvi a morte.

44

Vi assicuro però che, se poteste misurare il battito cardiaco di Amma durante quegli episodi, scoprireste che non accelera nemmeno di un battito al minuto. Così è lo *jnananishtha*. Amma sa fino in fondo che è possibile ledere solo il corpo e che lei non è il corpo ma il Sé.

Forse conoscete la leggenda del re Teseo. Sembra che Teseo fondò Atene, la capitale della Grecia. Si racconta anche che combatté molte battaglie ed è per questo che gli ateniesi gli dedicarono un memoriale in cui riposero la sua nave. Si dice che la nave rimase in questo luogo per centinaia di anni, ma col trascorrere del tempo alcune assi cominciarono a deteriorarsi. Per preservare la sua bellezza, le assi marce furono sostituite con nuove assi dello stesso legno.

La domanda è: se ogni generazione continuasse a sostituire ogni asse marcia, la nave sarebbe sempre quella originaria? Immaginate che ci fossero 1.000 assi: cosa direte se ne avessero sostituite 999? Quell'unica asse, ancora da sostituire, basterebbe per mantenere l'identità iniziale della nave? Questa è una domanda filosofica eterna, conosciuta come il "problema dell'identità".

Anche se il mondo scientifico sta ancora dibattendo sul numero esatto di cellule presenti nell'organismo, il corpo di un comune essere umano è costituito all'incirca dai 30 ai 40 trilioni di cellule. Il numero esatto resta ancora da scoprire.

I nostri antichi *rishi*[2] predissero questi cambiamenti sottili migliaia di anni fa e individuarono il principio del costante mutamento nell'universo che opera non solo nel corpo umano, ma in ogni fenomeno esterno. Realizzarono anche il principio supremo, la verità immutabile.

I ricercatori della facoltà di medicina di Stanford e di altri autorevoli università nel mondo affermano che, tranne alcune cellule che non vengono mai sostituite, il corpo viene rinnovato con nuove cellule ogni sette-dieci anni. Alcune nostre parti più importanti vengono rigenerate ancora più rapidamente. Riuscite ad immaginarlo?

Se ogni cosa animata o inanimata è in un flusso costante, allora cos'è questo corpo fisico? Intendo il corpo di tutti gli esseri viventi. Se il

---

[2] I Veggenti, ovvero persone spiritualmente illuminate che percepivano in modo intuitivo i mantra sacri che racchiudevano la saggezza vedica.

cambiamento è un dato di fatto, come facciamo a restare gli stessi? Obiettivamente parlando, non esiste una risposta corretta a questa domanda perché nell'arco di sette anni tutte le cellule dell'organismo muoiono e ne vengono generate altre. Così, in parole povere, man mano che invecchiamo, voi e io non siamo più le stesse persone. In tal caso, qual è la nostra vera identità?

Migliaia di anni prima della storia di Teseo, i saggi dell'India ci trasmisero una tecnica nota come *"neti neti"*, ovvero la "pratica della negazione". La Verità suprema, *Brahman*, non è un oggetto. È l'unico e il solo soggetto. Non è né ciò che viene visto (ovvero l'oggetto) né l'atto, il processo del vedere; è colui che vede, il Soggetto (l'Io in voi). Voi non siete un nome e i molti attributi correlati. Voi siete la Verità.

La *Brhadaranyaka Upanishad* dice:

nēti nēti, na hyētasmāditi
nētyanyatparamasti;
atha nāmadheyam — satyasya satyamiti;
prāṇā
vai satyam, teṣāmēṣa satyam iti tṛtīyam
brāhmaṇam ||

Ora, quindi, la descrizione (di *Brahman*):
"Non questo, non questo".
Perché non c'è nessun altra e più
appropriata descrizione
che non sia "Non questo".
Ora il suo nome è: "La Verità delle verità".
La forza vitale è la verità
ed è la Verità di quello. (2.3.6)

Un'attenta osservazione della vita di Amma rive-
lerà che lei è la personificazione del puro *Vedanta*
in azione. Nulla è insignificante o trascurabile
per lei. Persino le cosiddette cose non importanti
hanno un senso, un ruolo nella vita, perché per
Amma tutto è l'"essenza'. "Nulla è insignificante
o trascurabile nella vita", afferma.

Esistono alberi grandi e piccoli e ci sono
grandi fiori di loto e minuscoli fiori ai bordi delle
strade. Alcuni fiori hanno un dolce profumo,
altri un odore sgradevole. In questo contesto, il
pavone dallo sguardo maestoso che mostra il suo
piumaggio e il corvo nero coesistono. Mentre
il cuculo produce melodie, il passerotto ha un
suo proprio modo di cantare. Persino l'esistenza
di una piccola creatura ha senso. Il mondo e la
creazione sarebbero incomplete se non ci fosse.

Non dovremmo fare paragoni. Diamo valore a ogni cosa.

Quindi Amma non ignora le pene e le debolezze della gente comune dicendo che sono "irreali" o "illusorie". Il suo modo di agire è quello di capire qual è il livello di maturità di ognuno, ascoltare con grande empatia, fornire consigli pratici e fare il possibile per far sentire felici e in pace le persone, aiutandole a comprendere gradualmente i principi spirituali. Amma è, sotto ogni aspetto, la quintessenza del *Vedanta*.

Visualizzate questa scena nella vostra mente: siete sul ciglio di una strada e state osservando i diversi veicoli che passano. Autobus... camion... macchine di marche e modelli diversi... limousine... ambulanze... forse persino un carro funebre... Rimanete a guardarli passare per un po' e poi focalizzate la vostra attenzione sulla strada. La strada è sempre la stessa, immutabile, il sostrato permanente sul quale tutti i fenomeni mutano costantemente. Anche nel traffico più intenso, mentre siete incolonnati, esiste un piccolo spazio, qualche varco che ci permette di vedere il sostrato. Se vogliamo vincere la paura, questo è tutto quello che dobbiamo fare: spostare la nostra attenzione da ciò che muta a ciò che non muta, dagli oggetti al sostrato. Ed è proprio quello che fa Amma. Lentamente lei ci aiuta a spostare la nostra attenzione dagli oggetti al sostrato.

3 | LA CHIAMATA E LA RISPOSTA

La storia di Sabari, nel *Ramayana*, è nota quasi a tutti. Sabari era la figlia di un cacciatore di un gruppo tribale ed era solita offrire dei frutti raccolti nella foresta al saggio Matanga, che considerava suo Guru. Contento della sua devozione e del suo altruismo, il saggio le disse, poco prima di lasciare il corpo, che un giorno il Signore Rama avrebbe fatto visita all'ashram e l'avrebbe benedetta.

Sabari prese alla lettera le parole del saggio e da quel giorno attese con fede incrollabile l'arrivo del Signore. Ogni giorno spazzava con grande trepidazione chilometri e chilometri del sentiero che conduceva all'ashram, camminava nella foresta rimuovendo spine, pietre e rampicanti cadenti in modo che queste piante non si impigliassero nei capelli arruffati di Rama e frantumava le zolle di terra così che non ferissero i Suoi piedi delicati. Raccoglieva anche frutta fresca da poterGli offrire. Sabari non aveva idea di che aspetto avesse Rama, ma possedeva una fede incrollabile, una devozione assoluta e un amore irreprensibile per il Signore. Trascorsero così tredici lunghi anni. Giorno dopo giorno, Sabari Lo aspettava. Un giorno Rama arrivò con il fratello Lakshmana. Appena Lo vide, seppe che Lui era il Signore, anche se non aveva mai visto una Sua immagine. La pura beatitudine che provò nel vederLo le bastò per riconoscerLo.

Sabari lavò i piedi del Signore e Gli offrì alcuni frutti. Poiché desiderava nutrirLo solo con quelli più dolci, morsicò un pezzetto di ogni frutto e lo assaporò prima di offrirlo a Rama, assicurandosi anche che nessuno di essi fosse velenoso. Il Signore disse: "Madre, questi frutti sono dolcissimi, i più dolci che abbia mai gustato, proprio come il tuo cuore".

Nella *Bhagavad Gita*[3] il Signore Krishna dice:

patram puṣpam phalam tōyam yō mē bhaktyā prayacchati
tadaham bhaktyupahṛtam aśnāmi prayatātmanaḥ

Chiunque mi offra con devozione
una foglia, un fiore, un frutto o dell'acqua,
Io accetto questo santo dono
offertomi con cuore puro. (B.G. 9.26)

Nel *Ramayana* si dice che, sebbene vi fossero altri santi in attesa di dare il benvenuto al Signore Rama nel loro ashram, Lui fece visita solo a Sabari per la sua devozione disinteressata e pura. Nelle Scritture si racconta anche che Sabari stessa fece a tal proposito questa domanda a Rama. "Ci sono molti yogi spiritualmente perfetti che attendono il Tuo darshan", disse Sabari, "ma Tu sei venuto in

---

[3] "Il canto del Signore". Contiene gli insegnamenti che il Signore Krishna diede ad Arjuna all'inizio della guerra del Mahabharata. È una guida pratica che aiuta ad affrontare una crisi nella vita sociale o personale ed è l'essenza della saggezza vedica.

questo eremo di devoti di nessun valore. Signore, per Te ciò che conta è una devozione pura e non T'importa della conoscenza, della casta, del credo o del colore della pelle".

Estremamente compiaciuto per l'amore e la devozione della donna, il Signore le disse prima di partire: "Chiedimi qualsiasi cosa e Io la esaudirò".

Lei rispose: "Signore, dopo aver ricevuto il Tuo darshan, cos'altro potrei desiderare? Non ho altri desideri. Per cos'altro dovrei vivere ora? Ho vissuto solo per vedere Te. Mio Signore, il mio unico desiderio è di fondermi in Te". La donna ottenne immediatamente la Liberazione e poco dopo lasciò il corpo.

Sabari apparteneva a una casta inferiore, era incolta e non aveva nessuna conoscenza delle Scritture, tuttavia la sua fede incrollabile nelle parole del Guru e la sua determinazione e innocente devozione le fecero raggiungere la vetta più elevata dell'esistenza umana.

Nei *Bhakti Sutra* del saggio Narada si afferma:

> *nāsti tēṣu jāti-vidyā-rūpa-kula-dhana-*
> *kriyādibhedaḥ*

Tra loro non vi sono distinzioni basate
sulla casta, sulla cultura, sulla bellezza, sul
lignaggio, sulle ricchezze, sulle osservanze e
quant'altro. (72)

Ricordo le parole di Amma: "Diversamente da
altri sentieri, quello della devozione permette
di godere dei suoi frutti fin dall'inizio. Gli altri
hanno infatti regole e norme che vanno seguite
rigorosamente da chi li pratica. Alcuni sentieri
presuppongono una certa capacità di pensiero
logico e di analisi e solo se si hanno tali requisiti
si otterranno dei risultati. La via della devozione,
invece, non ha queste norme. La sola e unica dote
richiesta è l'amore, che è naturale in ognuno. Ama
semplicemente Dio con tutto il cuore, punto. Hai
mai visto un albero di jackfruit? A differenza dei
normali alberi da frutta, l'albero di jackfruit ha i
frutti persino alla base. La via della devozione è
così. Otterrete i risultati da subito".

Se osserviamo più da vicino la storia di Sabari
nel *Ramayana*, vediamo che questa devota
possedeva tre qualità fondamentali: amore puro,
prema; speranza incrollabile, *pratiksha*, e pazienza
infinita, *kshama*. In altre parole, per essere

considerati veri devoti del Signore, il nostro amore dev'essere colmo di speranza e di pazienza.

Sabari aspettò tredici lunghi anni e quando il Signore arrivò, era oramai vecchia e fragile. Ciò nonostante non si arrese e non scese mai a compromessi sull'amore, la fede, la speranza e la pazienza.

I devoti sinceri si sentiranno appagati solo quando riusciranno a vedere il Signore in tutta la creazione. Nient'altro li soddisferà.

Nella *Isavasya Upanishad* vi è questa invocazione:

> *hiraṇmayena pātreṇa*
> *satyasyāpihitam mukham*
> *tat tvam pūṣann apāvṛṇu*
> *satya-dharmāya dṛṣṭaye*

Il ricercatore della Verità implora: "O Sole (Verità), Ti prego, rimuovi il velo dorato che cela il Tuo volto. Permetti al Tuo devoto di vedere il Tuo volto dietro quella copertura". (15)

Cosa s'intende per "velo dorato"? Tutto ciò che si acquisisce o si cerca nel mondo materiale: potere, fama, ricchezza e quant'altro. Il ricercatore della

Verità dichiara: "Non sono interessato a nessuna di questa cose. La mia sola e unica preghiera è di vedere la Realtà dietro il velo".

Di solito, quando le persone vedono qualcuno che gode di una vita prospera, pensano che Dio sia stato molto misericordioso con lui, ma agli occhi di un vero aspirante spirituale, di un devoto che si è completamente abbandonato, non è così. Costui non ritiene le ricchezze e i successi nel mondo una benedizione di Dio, ma piuttosto un ostacolo sul cammino. Ecco quindi che il *rishi* supplica: "Ti prego, non essere buono con me offrendomi la prosperità materiale. Non è questo il tipo di favore che desidero da Te. Non ambisco alla cosiddetta ricchezza. Rivela la Tua natura reale. Solo questo può rendermi felice". Questo verso può significare anche: "Non m'interessa nutrire il corpo e la mente, il contenitore, l'involucro esterno. Rimuovi tutti i miei attaccamenti cosicché possa fare esperienza della mia vera natura, il Sé che mi abita".

I raggi del sole sono così potenti e luminosi che ci è difficile osservarli direttamente. Questi raggi agiscono da schermo, sono simili a un velo che impedisce la vista del sole. Allo stesso modo, il fulgore della Verità non ci permette di vederLa ed è per questo che si eleva la seguente preghiera: "Aiutami ad andare oltre ed avere così un'esperienza diretta di Te".

Ciò che le persone comuni considerano ricchezza è insignificante per un vero devoto. Amma racconta la bellissima storia di un ladro che irruppe nelle case delle *gopi* (mungitrici) di Vrindavan, intenzionato a rubare tutti i loro tesori poiché erano avvolti in stoffe raffinate e costose.

Tuttavia, quando costui cominciò ad aprire il "prezioso bottino" coperto con cura da strati di stoffa, si trovò davanti a qualcosa che lo deluse profondamente. In ogni involucro vide solo un brandello di seta gialla, una piuma di pavone vecchia e lacera, un pezzettino minuscolo di pasta di sandalo secca, una ghirlanda essiccata di *tulasi*, un vasetto mezzo vuoto di *kumkum* (polvere di zafferano), il campanellino di una cavigliera, il frammento di un bracciale, una conchiglietta, il coccio di un vaso di terracotta e così via: tutte cianfrusaglie!

Il ladro era frustrato e anche sorpreso. Perché mai quelle *gopi* avevano nascosto con tanta cura quegli oggetti di nessun valore? Cosa li rendeva così preziosi per loro? Sopraffatto dalla curiosità di conoscere la verità, l'uomo corse il rischio di venire punito per il furto, prese con sé tutto il bottino e ritornò a Vrindavan.

Quando il ladro restituì loro la refurtiva, le *gopi* erano al colmo della gioia. Incapaci di controllare la beatitudine che provavano, si misero a saltare e a danzare come se improvvisamente fossero diventate le padrone del mondo intero. Non solo, si tolsero ogni gioiello d'oro e lo diedero al ladro per testimoniare la gratitudine provata nel riavere quelle "cianfrusaglie". Il furfante era a bocca aperta, incapace di capire cosa stesse succedendo.

Quando l'euforia iniziò a scemare, l'uomo chiese loro: "Posso sapere perché questi oggetti insignificanti sono così preziosi per voi?".

"Il nostro Krishna adorato li usò tanto tempo fa, quand'era a Vrindavan con noi", spiegarono le *gopi*, "Questa piuma di pavone fu indossata da Lui. Questo coccio proviene da un vaso che ruppe quando rubò il burro dalle nostre case. Questo lembo di seta gialla proviene dalla veste che indossava quando rubò il burro da casa mia e, quando cercai di afferrarLo, questo brandello è tutto ciò che mi rimase in mano! Ogni volta che li guardiamo, ognuno di essi ci ricorda la gioia immensa provata nei giorni trascorsi con Krishna! Sono questi preziosi momenti che ci regalano un po' di felicità in questa vita, piena del dolore della separazione dal nostro amato Krishna".

Il ladro non riuscì a trattenere le lacrime davanti a questo amore puro e innocente. Il suo cuore si sciolse e restituì tutti i gioielli d'oro che le *gopi* gli avevano donato con grande generosità. Rubare aveva perso ogni attrattiva per lui e provò il desiderio intenso di vedere Krishna. Dopo aver saputo dalle *gopi* che il Signore era a Mathura, si mise subito in viaggio e quando arrivò vide per la prima volta la mirabile forma di Krishna. Con il viso rigato da lacrime di beatitudine, il furfante si prostrò ai Suoi sacri piedi.

Con uno sguardo birichino, l'onnisciente Krishna gli disse: "Un ladro è più che sufficiente a Vrindavan!", ma l'uomo era oramai rapito dalla bellezza divina del Signore.

Nel narrare la gloria del vero devoto, il saggio Narada dice nei suoi aforismi sulla devozione:

> *kantha-avarōdha-rōmanca-aśrubhiḥ*
> *parasparam lapa-mānāḥ pāvayanti kulāni*
> *pṛthivīm ca.*

Quei devoti che conversano con voce rotta,
i capelli ritti in testa e con le lacrime che
scendono copiose, purificano sia le proprie
famiglie che la terra. (68)

Il legame tra il Signore e il Suo devoto e tra il Guru
e il discepolo va oltre l'intelletto e la logica. È un
sentimento profondo di unità, d'identità. Chi non
ha mai sperimentato un amore simile e conosce
l'amore solo come una relazione fisiologica tra due
persone potrebbe non comprendere la profondità
e la purezza di quell'amore. Sicuramente lo frain-
tenderebbe, etichettandolo persino come folle.
Anche nell'amore comune (amore terreno) esiste
indubbiamente un certo grado di follia. "Sono
pazzamente innamorato di te" è una frase diffusa
in tutto il mondo. Se è così, allora la "follia"
nell'amore spirituale, che trascende l'amore fisico
ed emotivo, è ancora maggiore perché l'amore,
spirituale o terreno, è irrazionale. La logica e la
ragione non trovano spazio nell'amore.

Come dice Amma: "L'amore non invecchia
mai. È sempre nuovo".

Gli oggetti e le persone invecchiano, perdono man mano la loro utilità e bellezza. Più
invecchiano, più sfuma la loro attrattiva e la

gioia che ci procurano. La bellezza e l'attrattiva dell'amore, invece, durano per sempre. Le persone dicono: "L'amore che provavo per il mio o la mia compagna si è affievolito". Se siamo obiettivi nella nostra introspezione, ci accorgiamo che fin dall'inizio non c'è mai stato amore per il proprio partner. Ciò che veniva considerato "amore" non era che un'attrazione fisica ed emozionale. L'amore presente nel mondo rimane sempre a questo livello, non si spinge mai oltre, non va in profondità.

Come dice Amma: "L'amore è un sentimento costante che non tiene conto del tempo e del luogo. È sempre dentro di voi. Nessuno dice all'amato o all'amata: 'Allora, domani dalle 14 alle 15 è il momento per esprimere amore!' Non si è mai sentita un'affermazione simile".

L'amore è qualcosa di misterioso. Più cerchiamo di spiegarlo, più diventa enigmatico.

Mi è capitato di recente di parlare con un giovane chirurgo che mi ha descritto i complessi interventi che eseguiva. Infine ha concluso dicendo: "Sa, Swamiji, proprio come dicono le nostre Scritture, il corpo è qualcosa di davvero disgustoso e orribile. È pura immondizia". Dopo aver fatto questa affermazione, costui cominciò a parlare della fidanzata e di come non riuscisse a convincere i propri genitori della sua decisione di sposarla. Con emozione, dichiarò: "Non potrei vivere senza di lei".

Avete notato la palese contraddizione nell'atteggiamento del chirurgo? Prima aveva sottolineato la natura ripugnante del corpo umano e un attimo dopo si era messo a parlare con grande passione e coinvolgimento della sua innamorata. Cosa ci indica questo? Che l'amore è qualcosa che va oltre il corpo. In realtà, l'amore non vede il corpo, i limiti, la sporcizia, la bruttezza e tutti i sentimenti meschini. Che sia ordinario o spirituale, l'amore trascende l'intelletto umano e tutti i suoi calcoli.

Non è possibile misurare l'amore, si può solamente osservare o percepire il grado d'identificazione con il proprio amato. Più ci si identifica, più si ama. Per esempio, cosa rispondereste se vi chiedessero: "Chi ami di più, il tuo lavoro o tua moglie?". La risposta che darete spontaneamente, senza pensarci un istante, rivela il grado del vostro amore. Qualunque sia la risposta, mostra quanto sia forte la vostra identificazione.

Il grado di identificazione porta a essere un tutt'uno con l'amato. In una tale relazione, la comunicazione avviene anche senza l'uso delle parole. Questo accade persino nell'amore comune. Sentiamo spesso degli innamorati che dicono: "Stavo pensando di parlarle e lei mi ha chiamato... Ho sognato che mi presentava i suoi genitori e sono rimasta molto sorpresa quando proprio il giorno dopo mi ha presentata ai suoi genitori. Non gli avevo nemmeno raccontato il mio sogno".

Se ciò accade anche nell'amore comune, un sentimento o un'emozione basato su livelli di consapevolezza fisica ed emotiva, allora l'amore spirituale, un'esperienza che va oltre la sfera corporea e mentale, unirà sicuramente in modo ancora più profondo il devoto al Signore, il discepolo al Guru. Questa comunione ha inoltre una valenza di "chiamata e risposta" decisamente maggiore.

Delle numerose esperienze vissute per grazia di Amma, desidero condividerne una che rivela quanto sia potente "la chiamata e la risposta".

Nel 1981, quando Amma mi chiese di prendere la laurea in filosofia, le chiesi: "Chi sarà il mio professore?". Lei rispose: "A Changanassery (una città a circa cinquanta chilometri dall'ashram) c'è un professore. Va' a parlargli e lui verrà qui a insegnarti". Cominciai a cercare quel professore che non avevo mai incontrato. Non sapevo assolutamente se sarebbe stato disposto a venire all'ashram a insegnarmi, ma avevo totale fiducia nelle parole di Amma. Scoprii che costui era un illustre studioso che aveva scritto più di venticinque libri. A metà degli anni '70 si era recato negli Stati Uniti aderendo al programma Fulbright come ricercatore per proseguire i suoi studi sulla filosofia occidentale.

Mi recai prima a casa sua. La moglie mi disse che era all'università e così andai ad incontrarlo. Mentre aspettavo di conoscerlo, pensavo che da un momento all'altro sarebbe apparsa davanti a me una persona molto matura, dall'aspetto serio e vestita in modo moderno. Mi sentivo un po' teso perché non lo avevo mai incontrato prima e non avevo idea di che tipo fosse.

Stavo aspettando in aula da circa mezz'ora quando un tipo dall'aspetto buffo entrò. A prima vista pensai che fosse una persona qualsiasi, ma rimasi stupito quando si presentò come il professore che stavo aspettando. Non vorrei sembrare irrispettoso ma, ad essere sincero, sembrava la versione indiana più buffa di Ollio, uno dei personaggi della famosa coppia Stanlio e Ollio. Le sue labbra erano rossastre per il *paan* (un miscuglio di foglie e noci di betel e tabacco) che stava masticando. Ne aveva la bocca talmente piena che faceva quasi fatica a parlare. Indossava un turbante in testa, aveva il *dhoti* risvoltato e grandi occhi roteanti. Pensai tra me e me: "Che tipo bizzarro! Figuriamoci se verrà mai a insegnarmi qualcosa. E se verrà, come potrò sedere di fronte a questa persona stramba e imparare qualcosa? Devo chiedere ad Amma di trovarmi qualcun altro".

Sebbene la sua presenza mi facesse sentire molto a disagio, mi presentai e gli spiegai lo scopo della mia visita. Immediatamente rispose: "Non posso venire. Non verrò. Non ho tempo. Se vuole, venga qui nei fine settimana. Cercherò di trovare del tempo per lei". Poi aggiunse: "Inoltre sono ateo. Non ho assolutamente voglia di trascorrere del tempo nell'atmosfera di un ashram".

Il capitolo si chiuse all'istante. Si alzò e si diresse verso la porta. Non essendo riuscito a convincerlo a venire all'ashram ad insegnarmi, stavo per andarmene anch'io. Mentre mi voltavo per allontanarmi, sentii una voce dietro di me.

"Un attimo..." Era ancora il professore: "Non so come, ma non riesco a dirle di 'no' guardandola in faccia, così verrò la prossima settimana per vedere com'è l'ambiente". Capii all'istante che era tutta opera di Amma.

Come lo sono molti intellettuali, quel professore era un po' eccentrico. Talvolta iniziava la lezione prima che io arrivassi, benché fossi l'unico studente.

Una volta, pochi weekend dopo che aveva iniziato a venire all'ashram, ebbi una discussione accesa con lui. A quel tempo avevamo solo piccole capanne in cui alloggiare. Amma stava dando il darshan in una di esse ai confini della proprietà mentre il professore e io ci trovavamo dalla parte opposta, dove alloggiavano i genitori di Amma. Poco prima che iniziasse la lezione mi girai e guardando la foto di Amma mi misi a pregare. Non appena ebbi finito, il professore fece un commento: "Perché prega? Lei sentirà le sue preghiere? Ciò che conta è solo il suo impegno. Senza quello, nessun Dio né Guru verranno ad aiutarla".

Il suo commento mi ferì profondamente. Mi sembrava che fosse stata messa in discussione la mia fede in Amma e l'antica relazione

Guru-discepolo nel suo insieme. Naturalmente non è mio compito andare in giro a convincere le persone del mio cammino e della mia fede, non è necessario. Tuttavia, sul momento, gli risposi con fermezza: "Sì, Amma sente ogni mia singola preghiera. Vuole vedere?".

Egli disse: "Sì, se ne ha il coraggio".

Con tutto il cuore risposi al professore con tono severo: "Stia a guardare. Siamo molto lontani dalla capanna in cui Amma sta dando il darshan e io sono qui seduto con lei, ma vedrà che tra pochi minuti Amma manderà qualcuno a chiamarmi".

Rispose: "D'accordo, vediamo. Sono certo che non succederà nulla".

"Amma mi chiamerà sicuramente", ribattei, "Quando accadrà verrà con me e si inchinerà davanti a lei?" Erano ormai quattro weekend che il professore teneva le sue lezioni, ciò nonostante non era andato a salutare Amma neppure una volta. Era piuttosto sicuro che lei non mi avrebbe fatto chiamare entro pochi minuti poiché fino ad allora non era mai accaduto nel bel mezzo di una lezione.

Da un punto di vista logico e considerate le circostanze, una chiamata improvvisa e inaspettata da Amma era del tutto improbabile.

A quei tempi non c'era niente di urgente. Così, il professore rispose: "Sì, lo farò al 100%. Le do la mia parola". Le decisioni dell'universo, però, sono imprevedibili.

Era trascorso solo qualche minuto quando un *brahmachari* apparve davanti alla porta della capanna e mi disse: "Amma ti sta chiamando".

Mentre il professore era seduto con gli occhi fuori dalle orbite, corsi fuori dalla capanna per andare da Amma. Quando arrivai, lei mi guardò e mi fece solo una domanda: "Figlio, hai chiamato Amma?".

Non avevo parole per esprimere i miei sentimenti più profondi. Mentre ero fermo ad osservarla con il cuore pieno d'amore e di gratitudine, vidi il professore entrare nella capanna del darshan e cadere ai piedi di Amma.

Questo è il potere della vera preghiera.

Amma dice: "Dio ascolta sempre le nostre preghiere. Ad ogni modo tutto quello che possiamo fare è solo pregare. Quando rispondere è una decisione di Dio. È nelle Sue mani. Qui non è possibile applicare le norme umane che regolano 'la chiamata e la risposta'. Bisogna avere fede, credere fermamente che qualora Dio risponda adesso o più tardi, o in un'altra nascita, sarà sempre per il nostro meglio. A volte Lui risponde immediatamente. In tal caso, ricordate che lo fa per accrescere la nostra fede. Una risposta che arriva in ritardo, giunta dopo una lunga attesa, significa che Dio vuole che approfondiamo la nostra fede. E se la risposta non arriva, allora cerchiamo di capire che Dio ha qualcosa di divino in serbo per noi".

L'unico scopo del Guru è dimostrare al discepolo che in realtà sono tutt'uno, che sono entrambi la stessa coscienza. Il cuore dell'allievo è chiuso, bloccato da una coltre di negatività accumulata nascita dopo nascita. La sua mente è intrappolata da un traffico congestionato di pensieri ed emozioni. Il Guru conosce tutte le tecniche capaci di rendere scorrevole questo traffico incessante. Conosce anche tutte le scorciatoie possibili per raggiungere la destinazione più rapidamente perché è l'unico che sa quali sono le chiavi in grado di aprire il vostro cuore. Una volta avvenuta l'apertura del cuore, il Guru sospingerà con un tocco impalpabile il discepolo nel vasto oceano di *sat-chit-ananda* (pura esistenza, pura coscienza e pura beatitudine). Il cuore è la porta che ci conduce a Dio e a realizzare il Sé.

Non è facile raggiungere quel "punto di apertura del cuore" a causa della mente. Al momento, la mente, con i suoi innumerevoli dubbi e le sue abitudini profondamente radicate, ha preso il controllo totale del cuore e lo ha sopraffatto. È difficile convincerla di qualsiasi cosa.

La mente accumula di tutto, buono e cattivo, necessario e inutile. Avevo un amico che aveva l'impulso di toccare tutte le auto parcheggiate mentre camminava per strada. Che noi, i suoi amici, fossimo con lui o che la gente lo stesse guardando, continuava con questa sua strana abitudine. Lo prendevamo in giro per questo suo strano comportamento, ma lui rispondeva: "Non posso farci nulla. Devo farlo". La mente umana funziona in modo analogo, vuole "entrare in contatto" con qualsiasi cosa, che abbia o non abbia senso.

Siamo talmente portati a giudicare che spesso questo fatto ci impedisce di agire usando la logica. Vi porterò un esempio. Molte persone hanno domande importanti per Amma, che riguardano anche decisioni cruciali per la loro vita. Il fatto è che forse costoro hanno già deciso mentalmente cosa fare e adesso aspettano solo che

Amma approvi le loro scelte! In caso contrario, pensano che lei non abbia fornito loro il consiglio giusto. Questo è un atteggiamento scorretto, privo di devozione, amore e fede, che cerca solo la conferma di decisioni già prese. L'ordine delle cose è stato completamente invertito.

Se avete così tanta fiducia nella vostra capacità decisionale, perché chiedete consiglio ad Amma? Procedete e fate come volete, pregando il Guru di benedirvi. Non biasimate Dio o il Guru. Oppure siate aperti, seguite il consiglio del Guru e agite di conseguenza.

Un *Satguru* come Amma è come il nostro amico più fidato. Lei ci tiene la mano e ci porta sulla strada giusta, ci aiuta ad aprire gli occhi, a trascendere la mente. Ed è quando si apre il nostro terzo occhio che iniziamo a guardare dentro di noi.

Le *Upanishad* ci offrono molti esempi che illustrano una sincera *Guru-bhakti* (devozione al Guru). Contengono molte storie di discepoli che conseguirono l'illuminazione esclusivamente grazie alla loro devozione, obbedienza, altruismo e abbandono al Guru. Potremmo paragonare una tale *Guru-bhakti* all'elettricità che fluisce da un'estremità all'altra del cavo, dal Guru al discepolo.

L'esperienza trascendente degli antichi *rishi* trasmessa dalle Scritture ci fornisce forti indizi della presenza di una realtà suprema, di un'intelligenza cosmica. Tuttavia, per quanto riguarda i discepoli e i devoti, Dio è solo un concetto, una statua posta in un tempio o una figura contenuta in un'immagine.

Tutti questi concetti descritti nelle Scritture prendono però forma in un *Satguru*. Il *Satguru* è l'incarnazione dell'amore, della compassione, della purezza, della pazienza, della tolleranza, della perseveranza, della perspicacia e di tutte le altre nobili qualità. Esse sono la sola prova dell'esistenza di Dio, la realtà suprema. La presenza del *Satguru*, le sue parole e azioni, affermano senza alcun dubbio: "Sì, Dio è perché il Guru è".

La *Guru Gita* dichiara:

dhyānamūlam gurōrmūrtiḥ pūjāmūlam gurō padam
mantramūlam gurōrvākyam mōkṣamūlam gurōḥ kṛpā

La forma del Guru è la radice della
meditazione;
i piedi del Guru sono la radice
dell'adorazione;
la parola del Guru è la radice del mantra;
la grazia del Guru è la radice della
liberazione. (1- 2)

4 | LA MUSICA DIVINA CHE MI RISVEGLIÒ

Quando udiamo la melodia del flauto di bambù, ciò che ci viene subito in mente è la forma di Muralidharan[4], il Signore Krishna che con il flauto produce costantemente una musica divina. Quella che usciva dal Suo flauto di bambù era così incantevole e armoniosa che attraeva persino gli uccelli, gli animali e gli esseri celesti.

---

[4] Il Suonatore di flauto; un altro nome del Signore Krishna.

Potremmo paragonare Murali (il flauto) e Muralidharan al rapporto tra un devoto e il Signore. Per me, tuttavia, Krishna non vive solo a Vrindavan e a Mathura; non era solo il figlio di Devaki e Vasudeva, non ha vissuto solo nel Dvapara Yuga[5] e non abitava solo a Dwarakapuri. Lui è proprio qui, ora, con me, in questo mondo. Ha solo cambiato la Sua forma fisica da uomo a donna e ha assunto un altro nome: Amma, Sri Mata Amritanandamayi Devi. Anche il luogo in cui dimora è diverso, non è più Dwarakapuri ma Amritapuri.

Potreste rimanere delusi se voleste vedere il Krishna vissuto cinquemila anni fa, Colui che nacque a Mathura e fu portato a Vrindavan dove, con una piuma di pavone tra le ciocche di capelli, soleva divertirsi con i *gopa* (mandriani) e le *gopi* suonando il flauto di bambù, e che divenne l'auriga del grande guerriero Arjuna – il terzo dei fratelli Pandava – nella guerra del Mahabharata, e impartì i profondi insegnamenti contenuti nella

---

[5] Uno dei quattro Yuga (era) che, secondo la cosmologia indù, caratterizzano un ciclo della creazione. Il Signore Krishna ha vissuto durante il *Dvapara Yuga* e regnato in *Dwaraka*. L'era attuale è nota come *Kali Yuga*.

Bhagavad Gita. Perché questo rammarico? Dio non ha infatti né principio né fine e non si ripete. Dio non assume nuovamente la stessa forma. Solo gli esseri umani con risorse limitate ripetono sempre le stesse cose e possono annoiarsi. Essendo l'Infinito, Lui assume nomi e forme infiniti. Non c'è spazio per la noia, c'è solo pura espansione.

Krishna era un connubio bellissimo e perfetto di energie cosmiche maschili e femminili, l'aspetto creatore maschile e femminile in assoluto equilibrio. Anche Amma è così.

Qualcuno potrebbe chiedersi: cosa ne è stato della musica del flauto? Ciò che usciva dal flauto di bambù del Signore Krishna non era solo musica, bensì la melodia eterna dell'amore supremo che attira a sé tutte le creature, animate e inanimate. I *bhajan* di Amma operano allo stesso modo: non si possono ascoltare senza essere indissolubilmente attratti da lei.

La parola "*krshnaha*" deriva dalla radice sanscrita "*krsh*", che significa sia attrarre che arare e sradicare. Questi termini assumono la massima espressione alla presenza di Amma. Amma è amore puro, che porta i cuori ad abbandonarsi a lei. È il *Satguru* che ara il campo della nostra mente, che ci purifica mandando in frantumi le pietre e le zolle delle impurità che essa contiene, che pianta i semi di nobili virtù e ci aiuta a raggiungere gradualmente il frutto della realizzazione del Sé. Se lo guardate in questo modo, vedrete che il Signore Krishna, la musica del Suo flauto divino e la sacra presenza di Amma, fonte dell'amore infinito, sono un tutt'uno. Amma è il canto sacro dell'amore supremo che raggiunge e risveglia il Divino nell'umanità.

Le anime realizzate sono tutt'uno con la realtà trascendente priva di forma. Perché possano prendere una forma e operare nel mondo, devono fare un *sankalpa* speciale, espressione del loro amore puro e della loro pura compassione per l'umanità. Questo però non impedisce che, mentre svolgono la loro missione divina, siano completamente distaccate dalle azioni e dai risultati. Perfettamente stabilite nello stato di *sahaja samadhi*, non hanno il senso dell'io e del mio. Pur impegnate ad agire, sono completamente libere dall'ego e sempre appagate.

La *Mundaka Upanishad* illustra magistralmente questo stato:

dvā suparṇā sayujā sakhāyā samānam
vṛkṣam pariṣasvajātē
tayōr anyaḥ pippalam svadu atti anaśnan
anyō abhicākaśīti
samānē vṛkṣē puruṣō nimagno anīśayā śōcati
muhyamānaḥ
juṣṭam yadā paśyati anyam īśam asya
mahimānam iti vītaśōkaḥ

Due uccelli dal piumaggio dorato,
inseparabili compagni, sono appollaiati
sul ramo dello stesso albero. Uno di loro
assaggia i frutti dolci e amari, l'altro
osserva tranquillamente senza mangiarne.
Allo stesso modo, su quell'albero, il sé
individuale (*jiva*) è caduto nell'inganno
avendo dimenticato il suo stato d'identità
con il Sé divino e confuso dal suo ego si
affligge ed è triste. Quando però riconosce
il compagno come il Signore adorato da
tutti e la Sua gloria, è affrancato dal dolore.
(3.1.1 - 2)

Qui, in questo mondo di diversità, Dio e gli
esseri umani, tutti gli esseri viventi, coesistono.
In realtà l'esistenza è impossibile senza Dio. Così,

"Io esisto" significa: "Io sono soltanto perché Dio è". Questa consapevolezza libera da ogni forma di dolore come la tristezza, l'ansia, la depressione, la collera, l'avidità, la gelosia, l'odio, l'attaccamento, l'avversione, ecc. Tutte queste qualità non sono altro che dei germogli di dolore (*soka*), sintomi del male noto come *samsara*, l'oceano di dolore.

Gli esseri illuminati vivono in questo mondo e operano servendosi del corpo e della mente. Vedendoli, le persone ignoranti, che confondono il corpo con il Sé, potrebbero pensare che anch'essi hanno il senso della dualità. Tuttavia queste Grandi Anime sono completamente distaccate dal corpo e pienamente centrate nel Sé.

Guardate il *damaru* (tamburello) che il Signore Shiva tiene in mano. Questo strumento ricorda due triangoli che s'incontrano all'apice. Le due estremità sono ampie, mentre il centro è stretto. Questa immagine cela il più alto segreto spirituale. In realtà, il sé individuale, *jiva*, e il Sé Supremo, Shiva, sono uniti. Sono un tutt'uno. L'individualità non è altro che la totalità che ha assunto un determinato nome e una determinata forma.

Vidi Amma per la prima volta una sera del 1979. Arrivai con molte domande. Pensavo di porne alcune: avrei superato gli esami universitari? Cosa mi avrebbe riservato il futuro? E così via. Le persone che mi accompagnarono da Amma dissero: "Non è necessario che tu le dica niente. Lei ti dirà tutto". Decisi di scoprire se fosse vero.

A quei tempi non conoscevo neppure l'ABC della spiritualità. Non avevo nemmeno idea della sua grandezza come Guru. L'unica informazione che avevo consisteva in una spiegazione incompleta e neanche così convincente che mi avevano dato i miei compagni. Inoltre, nello stato mentale in cui ero, ciò che mi premeva di più era ricevere una risposta alla mia domanda: "La vita… E poi? Come risolvere l'ansia che provavo per il futuro?". La decisione più importante che desideravo prendere riguardava se diventare un attore, un cantante o altro.

Mentre ero sul traghetto, in mezzo alla laguna, potevo sentire le modulazioni di un canto. Sebbene provenissero dall'altro lato della laguna, la voce era piena di sentimento e aveva un fascino soprannaturale. Man mano che ci avvicinavamo si avvertiva meglio il canto. Era Amma che cantava. La sua voce era certamente diversa, possedeva uno spessore indescrivibile e una dimensione molto particolare. Aveva forse la capacità di aprire spontaneamente il cuore di qualcuno? Sì, pensai…

Il canto di Amma era

ammē bhagavati nitya kanyē dēvi
enne kaṭāksippān kumbiṭunnēn

O Madre Divina, Vergine eterna,
m'inchino a Te,
per ricevere il Tuo sguardo misericordioso.

A quel tempo non esisteva né un Mata Amrita-nandamayi Math né un ashram. Gli unici edifici esistenti erano la casa dove abitavano i genitori di Amma, un piccolo tempio e una stalla adiacente dal tetto di fronde di cocco intrecciate. Ciò nonostante, l'ambiente esercitava un fascino incantevole, un'attrazione irresistibile!

Mentre mi trovavo davanti al tempio, una delle persone che mi accompagnava mi sussurrò all'orecchio: "Vuoi cantare qualche *bhajan*?". Pensai: "Perché lasciarsi sfuggire una simile occasione?". Senza esitare intonai alcuni canti devozionali nella piccola veranda e, senza che me ne accorgessi, la mia mente si raccolse interiormente. Avevo l'impressione che Amma mi avesse guardato una o due volte mentre dava il darshan all'interno del tempio… Certo, sicuramente doveva essere stato così!

Lei mi disse: "Mentre stavi cantando, Amma sapeva che quella voce era destinata a fondersi in Dio. In quel momento Amma ti ha legato con la sua mente".

"Legarmi con la sua mente…". Non compresi cosa intendesse con quella frase, ma quando la mia visione della vita mutò di 180 gradi dopo il mio primo incontro con lei, l'esperienza stessa chiarì la sua affermazione.

Quello stesso giorno, quando venne il mio turno, mi avvicinai a lei per ricevere il darshan. Quando le fui accanto, le domande che avevano affollato la mente fino a un attimo prima cominciarono lentamente a sciogliersi come neve sotto il calore del sole.

Mentre ero tra le sue braccia non riuscii a dirle nulla. In quegli occhi e sul suo volto vidi un oceano di compassione. L'unico modo di descrivere questa esperienza con le parole è: "Fu come assorbire tutto l'amore e l'affetto di tutte le madri del mondo, un'esperienza travolgente. Fu come toccare in quel momento tutto quell'amore".

Fui sommerso da un'enorme ondata di quell'oceano. Quello che seguì è indescrivibile: fu come tornare a casa dopo tanti anni di esilio, come se un prigioniero rimasto in carcere per anni fosse stato liberato nel momento più inaspettato, come se un anziano infermo fosse tornato agli anni dell'adolescenza. Probabilmente l'esperienza somigliava di più a quella di un mendicante benedetto dalla lampada magica di Aladino per non si sa quale motivo. Persino questi esempi non sono adeguati a spiegare la ricchezza e la completezza di quell'esperienza.

Senza saperlo, le porte del mio cuore si aprirono e sgorgarono le lacrime, lacrime di beatitudine provenienti dal cuore. Abbracciandomi stretto, Amma mi sussurrò all'orecchio: "Figlio cosa cerchi? Tu sei mio figlio e io sono tua madre…". E così Amma mi mostrò tutto quello che avevo nella mente, ma io ero in uno stato in cui la mente e le parole erano state azzerate. Fu allora che realizzai che tutto ciò che avevo considerato "importante" nella vita era totalmente "insignificante"!

Mi mancano le parole per descrivere in modo adeguato il mio primo incontro con Amma. Ciò che ho detto è solo la "punta dell'iceberg", un piccolo tentativo di presentarvi in maniera concreta un'esperienza indefinibile.

Quarant'anni fa... Com'è volato il tempo e quanti cambiamenti! L'ashram è diventato una grande organizzazione con ramificazioni in tutto il mondo: milioni di devoti, attività umanitarie che valicano i confini nazionali, elogi e riconoscimenti dalle Nazioni Unite e da Paesi di tutto il mondo per queste attività; rivoluzioni sorprendenti che Amma sta operando nel campo dell'educazione, della scienza medica e della ricerca e onorificenze che le vengono riconosciute a livello internazionale. E l'elenco non ha fine.

Amma è il simbolo e l'emblema della saggezza antica dell'illustre lignaggio dei *rishi*, i veggenti dell'India. È al di là di tutte le barriere di linguaggio, nazionalità, cultura, colore, ecc. La sua vita è dedicata ad elevare l'intera umanità. Per usare le sue stesse parole: "Per me, il mondo intero è come un fiore: ogni petalo rappresenta un Paese. Se un petalo è infestato dai parassiti, anche gli altri ne soffrono. Amo il fiore nella sua interezza perché è questa sua interezza che dona bellezza al fiore".

La *Maha Upanishad*, contenuta alla tradizione del *Samaveda*[6], afferma:

*ayam bandhurayam nēti gaṇanā
laghucētasām
udāracaritānām tu vasudhaiva kuṭumbakam*

La distinzione 'Questa persona è mia e questa non è mia' è fatta solo da chi ha vedute ristrette (cioè l'ignorante che è nella dualità). Per chi ha una condotta nobile (ovvero conosce la Verità Suprema), il mondo intero è una famiglia (un'unità). (6.72)

Amma è l'incarnazione assoluta di questa affermazione delle *Upanishad*.

Malgrado tutto resta la stessa di sempre. La sua vita ci ricorda le parole del signore *Krishna*: "*kutasthamacalam dhruvam*", ovvero ciò che è immutabile, immobile ed eterno. (*Bhagavad Gita* 12.3)

Per usare le parole di Amma: "Ci fu un tempo in cui le persone spargevano spine sul mio cammino. A quei tempi e anche ora, quando le persone

---

[6] Uno dei quattro *Veda*.

spargono fiori sul mio cammino, io rimango Quello. Sono sempre stata una con l'Uno".

Se l'insegnante non fosse in classe, quanto baccano e quante risse ci sarebbero! Se però gli studenti vedessero l'ombra dell'insegnante profilarsi in lontananza, resterebbero fermi e tranquilli. La presenza di anime come quella di Amma ha un effetto simile: alla loro presenza, tutto accade, *sannidhi matrena*.

Mi hanno parlato di una poesia in cui Dio viene descritto come il governatore dell'universo che gestisce ogni cosa muovendo semplicemente le sopracciglia. Com'è possibile? Dio ha le sopracciglia? Se anche fosse, come potrebbe controllare l'universo con quel semplice movimento? Dubbi simili potrebbero sorgere, ma ad essere onesti sono piuttosto ignorante in materia perché, come chiunque altro, non so granché di un tale Dio. Eppure ho visto accadere le cose giuste, al momento giusto, semplicemente alla sola presenza di Amma.

Si può imparare tutto limitandosi ad osservarla. La sua vita è un modello di riferimento perfetto per le persone di ogni nazione, lingua, cultura e credo religioso. La sua vita esemplifica mirabilmente ciò che sono la vera meditazione, l'amore sincero, la compassione, l'altruismo, la pazienza, la tolleranza e la determinazione. Amma ci mostra come interagire con ogni tipo di persona, anche con i nostri nemici. Ogni giorno ci mostra con il suo esempio come trattare i bambini di ogni età, gestire in modo perfetto la mente, le situazioni esterne, il tempo, i rifiuti, i disastri, persino il denaro e tutti gli altri aspetti della vita.

In ogni azione di Amma è racchiusa un'arte. Con questo non intendo dire che lei è un'artista, bensì che è l'arte stessa, l'incarnazione della dea Lakshmi e della dea Saraswati[7]. Amma non è una cantante, ma nei suoi canti riesce a toccare le profondità del cuore umano e a far sorgere al suo interno onde d'amore e di beatitudine. Amma non è un'oratrice, ma la sua parola è capace di trasformare il cuore delle persone. Amma non è una danzatrice, ma quando danza dimentichiamo noi stessi nella beatitudine.

Ognuno di noi ha due nascite: la prima avviene quando usciamo dal grembo materno, la seconda quando troviamo un *Satguru*. I bambini

---

[7] Rispettivamente, la dea della ricchezza e la dea della conoscenza.

sono innocenti, ma la loro innocenza non dura a lungo. Quando crescono, cresce anche il loro ego. Quando però incontriamo un *Satguru*, l'innocenza che è dentro di noi si risveglia. Il bambino interiore assopito si desta ad una nuova nascita. Quando guardiamo l'universo con gli occhi dell'innocenza, tutto diventa una pagina del libro delle virtù, un messaggio divino di Dio, e a poco a poco riscopriamo la nostra innata innocenza.

Incontrare Amma per la prima volta nel giugno del 1979 fu come rinascere, ritornare bambino. Avevo ventidue anni. Da allora sono rimasto aggrappato all'orlo del suo sari e continuo a farlo ancora oggi. Sono passati quarant'anni, ma dinanzi a lei sono sempre un bambino. E mi piace. Quando si è piccoli si possono imparare tante cose e per una madre è facile insegnare a un bambino. I portali della conoscenza si chiudono per noi quando pensiamo: "Sono adulto, sono diventato grande", ma se il nostro cuore si espande e l'ego si rimpicciolisce è molto più semplice crescere.

Pur essendo trascorsi quarant'anni, quell'esperienza trasformante al cospetto di Amma e le parole che mi sussurrò allora nelle orecchie risuonano ancora nel mio cuore. La sua presenza è il mio Dwaraka. Amma è il mio Krishna. Da lei emana un canto eterno d'amore, la musica divina dell'amore puro e incondizionato!

La vita e le azioni di Amma sono il mio oggetto di meditazione. La sua voce e le sue parole sono per me il suono del flauto divino, la dolce melodia che mi ha risvegliato da un sonno profondo.

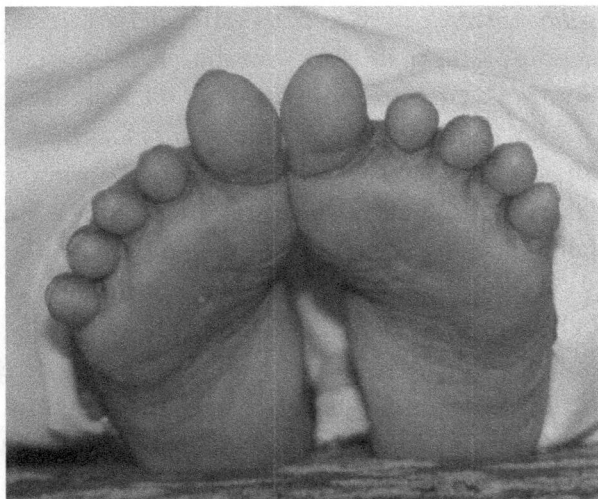

5 | SAHASRAPADE NAMAH[8]

rāmam daśaratham viddhi mām viddhi
janakātmajām
ayōdhyām aṭavīm viddhi gaccha tāta
yathāsukham (Ayodhya Kanda, 2.40.9)

Questo verso, proclamato come il più importante del *Ramayana*, appare nel seguente contesto: il Signore Rama e la sua divina sposa Sita Devi

---

[8] "Rendiamo omaggio alla Dea che ha mille piedi". (*Sri Lalita Sahasranama*, mantra 284)

sono pronti a partire per l'esilio nella foresta, accompagnati da Lakshmana. È allora che Sumitra dà questo consiglio al figlio Lakshmana: "Figlio, considera Rama come se fosse Daśaratha, Sita (figlia di Janaka) come se fossi io (Sumitra) e la spaventosa foresta come se fosse Ayodhya. Fai buon viaggio e torna sano e salvo!".

Questo verso ha anche un significato esoterico. "Daśa" significa "dieci". Con questa parola, Sumitra intendeva dire che bisognerebbe vedere Sri Rama come una delle dieci incarnazioni del Signore Vishnu. La parola "mām" potrebbe indicare la dea Lakshmi, la sposa del Signore Vishnu. In altre parole, ciò che Sumitra intendeva dire era: "Ricorda che Sita non è altro che la dea Lakshmi".

E cosa indica la foresta? Essa rappresenta ciò che nessuno è riuscito a conquistare, cioè Vaikunta, l'inespugnabile dimora di pace del Signore Vishnu. "Figlio, con questa fede determinata, avviati felice e ritorna sano e salvo". Ecco in poche parole il significato di questo verso: "Dove dimora il Signore Rama, là si trova Ayodhya, la vera dimora di pace, anche se si tratta di una foresta. E dove non c'è il Signore, quel luogo diventa una foresta".

In sintesi, la presenza divina di un'anima realizzata trasforma un luogo in Ayodhya. Ayodhya significa posto privo di *yuddha* (conflitto, guerra), in cui regna la pace suprema. Ovunque nel mondo ci sia un maestro realizzato, quel luogo diventa una sfera di felicità e bellezza eterne. "L'atmosfera" che lo pervade si trasforma in "*Atma*-sfera", uno spazio in cui è possibile espandere il proprio Sé interiore.

Ricordo un fatto accaduto qualche anno fa durante il ritiro sulla Gold Coast, in Australia, che si svolse dopo i programmi di Melbourne, Sydney e Brisbane. La sala scelta per il darshan di Amma e il posto che ci ospitava si trovavano vicino al mare, vicino a una spiaggia di candida sabbia. Si tratta di una famosa località di villeggiatura e decine di migliaia di persone provenienti da ogni parte del mondo vi si recano per fare surf e rilassarsi.

Il programma durò tre giorni e l'ultimo giorno il darshan proseguì fino all'alba. La notte stessa avremmo intrapreso il viaggio di ritorno in India. La sera, Amma uscì all'improvviso dalla sua stanza e si diresse verso la spiaggia. Non appena la videro, i devoti accorsero da ogni direzione, come le api che affollano i fiori pieni di nettare.

Stare con un maestro perfetto è un'esperienza profonda. L'attrazione è irresistibile, simile a quella tra la limatura di metallo e un potente magnete. Niente può fermare la limatura di metallo dall'essere attratta da un magnete. Se qualcuno dicesse a queste persone: "Non accalcatevi, perché non state lontani?" non produrrebbe nessun risultato. Così come la natura del magnete è quella di attrarre, la natura del metallo è quella di gravitare verso il magnete.

Nell'amore puro la mente si ferma e i pensieri cessano. Perfino nell'amore comune il pensiero non trova molto spazio. Infatti, pensare troppo rovina l'amore. Pensare appartiene al passato o al futuro. L'amore è nel presente. Quando due persone s'innamorano, non pensano: "Dovrei… non dovrei…". Semplicemente, l'innamoramento accade.

Ho sentito dire che "L'amore non può essere spiegato né compreso". Quando si chiede: "Perché ami?", la risposta è: "Non so. Amo e basta". Perché l'amore non è qualcosa di conosciuto dalla mente, bensì sentito dal cuore.

La *Brhadaranyaka Upanishad* dichiara:

ēṣa prajāpatir yad hṛdayam, ētad brahma, ētad sarvam; tad ētat tryakṣaram;

hṛdayam iti. hṛ ityēkam akṣaram; abhiharantyasmai svāś cānyē ca, ya ēvam vēda;

da ityēkam akṣaram, dadatyasmai svāś cānyē ca ya ēvam vēda;

yam, ityēkam akṣaram; ēti svargam lokam ya ēvam vēda.

Questo è Prajāpati – questo cuore (intelletto). È *Brahman*, è tutto.

"*Hṛdayam*" (cuore) ha tre sillabe. "*Hṛ*" è una sillaba. A chi sa quanto detto. la sua gente e gli altri portano (doni).

"*Da*" è un'altra sillaba. A chi sa quanto detto, la propria gente e gli altri offrono (i loro talenti).

"*Yam*" è un'altra sillaba. Chi sa quanto detto, va in paradiso (*svarga*)". (Non il paradiso dove si trascorre il resto della propria vita godendo dei piaceri, ma lo stato di beatitudine eterna, di unità con la pura coscienza.) (5.3.1)

Il "cuore" a cui ci si riferisce in questo verso non è l'organo che pompa il sangue, come descritto in fisiologia, bensì il cuore spirituale, il centro del corpo umano, dove proviamo ogni sentimento profondo. In tutto il mondo la gente fa queste affermazioni: "Il mio cuore si è aperto quando l'ho visto/vista". "Il mio cuore è chiuso". "Il mio cuore soffre per chi ha perso ogni cosa in quel disastro". Amma dice sempre: "Aprite il vostro cuore e pregate".

Come tradotto, la radice sanscrita della parole "*hrdayam*" è composta da tre sillabe: "*Hr*" significa attirare, attrarre. Voi diventate il centro dell'attrazione. Attrarrete persino l'intero universo. "*Da*" sta per "dare" in entrambi i sensi. Ovvero voi date tutto a tutti e tutti danno tutto a voi. E in questo scambio è coinvolto tutto il creato. La terza sillaba "*yam*" significa "andare", ascendere alla più alta vetta dell'esistenza. Questo è il significato ultimo di *hrdayam*, il cuore.

Il cuore è la parte più impenetrabile del corpo. Il verso della *Upanishad* appena citato parla di questo cuore, il Dio dentro di noi, i recessi più profondi di una persona.

La *Bhagavad Gita* dice:

*īśvaraḥ sarva-bhūtānām hṛddēśē'rjuna
tiṣṭhati
bhrāmayan sarva-bhūtāni yantrārūḍhāni
māyayā*

Il Signore dimora nel cuore di tutti gli esseri, o Arjuna, spingendoli con la Sua *maya* a ruotare (come se fossero) montati su una macchina. (18.61)

Per questo motivo meditiamo sul cuore, perché è dove risiede Dio, il luogo dove sentite il "voi" in voi. Questo è il motivo per cui la maggior parte delle persone, in tutto il mondo, considera il "cuore" il punto più prezioso, naturale e semplice del corpo.

Ora, tornando al mio racconto... dov'eravamo rimasti... Circondata dai devoti sulla spiaggia, Amma rimase a fissare lo sguardo sull'orizzonte. Il suo stato interiore e l'espressione del suo viso andavano oltre la nostra comprensione. Dopo un po', raccolse con le mani a coppa un po' d'acqua del mare, con riverenza la portò alla fronte e poi la offrì nuovamente all'oceano. Infine chiuse dolcemente gli occhi.

Mentre il suo viso irradiava la maestosità della pace profonda, i devoti rimanevano immobili con lo sguardo fisso su di lei, crogiolandosi in quella presenza inebriante. Lentamente lei aprì gli occhi e iniziò a camminare nel mare. Senza attendere il permesso, i devoti la seguirono. "Figli, state attenti. Assicuratevi che i piedi poggino saldamente sul fondale di sabbia", raccomandò amorevolmente Amma. Quando l'acqua le arrivò poco sotto le ginocchia, si fermò.

Dopo qualche minuto di silenzio meditativo, alzò entrambe le mani al cielo e cantò: *"Srishtiyum niye, srashtavum niye, saktiyum niye, satyavum niye... Devi... Devi... Devi..."* (La Creatrice e il creato sei Tu, Tu sei Energia e Verità, o Devi... Devi... Devi...). Anche i devoti si unirono al canto, ripetendo ogni strofa con totale abbandono. Mentre il suono delle onde dell'oceano continuava a recitare la sacra sillaba "Om", nella mente dei devoti, le onde-pensiero si acquietarono.

Inebriata, Amma intonò un altro *bhajan*: *"Kotanu koti varshangalai satyame tetunnu ninne manushyan..."* ("O Verità, l'umanità ti sta cercando da milioni di anni...”). Quando il canto finì, le vibrazioni pure create dai *bhajan* evocarono una calma interiore al di là del rumore delle onde che s'infrangevano.

“Andiamo, è già il crepuscolo!”. Nell'udire la voce di Amma, i devoti ritrovarono il senso dello spazio e del tempo. Una folla si era raccolta e stava osservando: gente che passeggiava, faceva jogging, nuotava, faceva surf o si trovava lì in cerca di un po' di solitudine. Sentii qualcuno dire: “È la Santa che abbraccia”. Un'altra persona disse: “Mi piacerebbe provare il calore del suo abbraccio”. In un attimo la spiaggia della Gold Coast diventò un altro luogo per il darshan, illuminato dalle sfumature del tramonto. Non era una novità. Durante i suoi viaggi, per Amma tutti gli ambienti sono sedi di darshan: aeroporti, aerei, cigli delle strade, parchi, uffici governativi di ogni parte del mondo.

Quando il darshan in riva al mare terminò, Amma cominciò a risalire la spiaggia. All'improvviso mi balenò un'idea. Era un richiamo naturale, ma potente, dal profondo. “Amma è rimasta nell'acqua per tutto questo tempo. La sabbia non è stata forse santificata dal tocco dei suoi piedi sacri?". Prima che si allontanasse, mi chinai e ne presi una manciata da sotto i suoi piedi. Lei si mosse e io salutai riverentemente la sabbia che avevo in mano. Rimasi a guardarla mentre camminava con fatica sulla spiaggia assieme ai devoti.

Dopo un attimo si girò verso di me e disse: "Figlio, quanto amore e quanta devozione hai per quella manciata di sabbia che hai preso dal luogo dove si trovava Amma! Però hai dimenticato una cosa. Ogni granello di sabbia su questa terra porta l'impronta dei piedi di Amma. Lei ha camminato su ogni singolo granello. Pertanto, figlio, dovresti cercare di sviluppare lo stesso amore e la stessa riverenza che hai per quella manciata di sabbia anche per ogni oggetto, piccolo e grande, che esiste nel mondo, per ogni suo atomo".

Quelle parole traboccavano del suo abituale amore e del suo affetto materno, ma andarono al di là della comprensione mentale e penetrarono nei recessi profondi del mio cuore. Non voglio affermare di aver colto completamente il significato di ciò che mi aveva rivelato, profondo come le enunciazioni delle Scritture. Le parole di Amma, intense e potenti, riuscirono ad acquietare la mia mente per un po' di tempo. Per un attimo, feci l'esperienza della verità dell'affermazione di Amma: "Ogni granello di sabbia su questa terra porta l'impronta dei piedi di Amma. Lei ha camminato su ogni singolo granello".

Il *Purusha Sukta*, tratto dal *Rig Veda*, dice:

ōm sahasraśīrṣā puruṣaḥ sahasrākṣah
sahasrapāt
sa bhūmim viśvatō
vṛtvā'tyatiṣṭhaddaśāngulam

Lui, il Purusha, il Signore del cosmo, è il Purusha che ha mille teste, mille occhi e mille gambe. Cingendo la Terra da ogni lato, la supera per l'ampiezza di dieci dita. (10.90)

In questo verso, la totalità trascendente dell'intera creazione (terra) viene chiamata *Purusha*, l'Essere cosmico. La parola "*daśāngulam*" indica le dieci dita. Si pensa che, nell'uomo, la distanza tra il cuore e l'area ombelicale sia di dieci dita. Il numero "dieci" simboleggia l'infinito perché si ritiene che i numeri arrivino solo fino a nove. Tutto ciò che è oltre viene considerato innumerabile.

Il cuore è la sede, la dimora dell'*Atma* o Dio. L'ombelico rappresenta l'origine del mondo manifesto. Questo è il motivo per cui vediamo un fiore di loto con uno stelo lungo e flessibile emergere dall'ombelico del Signore Vishnu. Vediamo anche il Signore Brahma, il Creatore, seduto sul loto. La natura infinita dell'Essere cosmico è velata dal luccichio degli oggetti del mondo.

Guardare Amma, questa meraviglia, questo essere straordinario che per un attimo aveva dischiuso lo scrigno di gemme di verità universali e che ora stava ridendo e giocando con i devoti con totale innocenza, come ignorasse ogni cosa, mi lasciò esterrefatto. Tenevo ancora stretta la manciata di sabbia presa da sotto i suoi piedi. Amma e i devoti stavano sempre camminando quando lei si voltò per guardarmi. Sul suo viso, un sorriso birichino: "Figlio, cosa stai facendo ancora là? Vieni, presto!" disse.

Nel sentire il suo appello, non indugiai oltre e corsi verso di lei. Abbiamo ancora parecchia strada da compiere prima di raggiungere quel vasto cielo di consapevolezza che Amma incarna. Prestiamo quindi molta attenzione quando ci chiama. Dobbiamo camminare con lei e cercare di restare al suo passo.

"Ogni granello di sabbia su questa terra porta l'impronta dei piedi di Amma. Lei ha camminato su ogni singolo granello". Questa affermazione sublime vibra tuttora ad ogni battito del mio cuore. Riesco ancora a sentire il riverbero di quel mantra potente che continua a risuonare nelle mie orecchie, nel mio cuore e in ogni atomo...

L'unico desiderio di Amma, il *Satguru*, è che tutti i suoi figli crescano e diventino come lei, espansi come lo è il cielo, e raggiungano lo stato di Maternità universale. Infatti Amma ci dice sempre: "Figli, voi siete l'essenza divina dell'Om. Crescete e diventate come gemme preziose e fondetevi con l'eterno Om".

6 | IL GURU È L'INCARNAZIONE DI DIO

Dio è un Essere trascendente. Il Suo potere imperscrutabile è inaccessibile alla comprensione umana. È proprio questa Sua natura al di là

della nostra comprensione che porta le persone, soprattutto i cosiddetti atei e agnostici, a negare l'esistenza di un potere assoluto che governa l'universo. Per contro, vi sono eminenti scienziati che credono nel mistero dell'universo. Si dice che Albert Einstein, uno degli scienziati da sempre più rispettati, abbia detto: "Chiunque si impegni seriamente nella ricerca scientifica finisce sempre per convincersi che in ogni legge dell'universo si manifesta uno Spirito infinitamente superiore a quello dell'uomo, di fronte al quale noi, con le nostre facoltà, dobbiamo essere umili".

Srinivasa Rāmānujan, il matematico considerato un genio, ammise apertamente che la dea (Namagiri Devi) gli rivelasse le formule matematiche più complesse. Allo stesso modo l'illustre Isaac Newton sottolineò: "Ciò che noi conosciamo è una goccia, ciò che ignoriamo un vasto oceano. La meravigliosa struttura ed armonia dell'universo possono solo essere frutto di un Essere onnisciente e onnipotente". E potrei continuare con molte altre citazioni…

Di recente, un devoto molto vicino ad Amma che lavora presso il Laboratorio Nazionale di Los Alamos, negli Stati Uniti, ha condiviso con me una sua esperienza. Un giorno Leon M. Lederman, il fisico delle particelle che nel 1988 vinse il Nobel per la Fisica, visitò il laboratorio di Los Alamos. Mentre parlava con un gruppo di studenti delle scuole superiori, un ragazzo gli chiese se avesse qualche messaggio per loro. Lo scienziato rispose: "Non so, non so, non so". Ciò che intendeva dire era che dovremmo avere un atteggiamento di "quanto poco sappiamo dell'universo". Lederman stava sottolineando l'importanza dell'umiltà. Autore del libro *Symmetry and the Beautiful Universe*, Leon M. Lederman credeva che ogni cosa nel cosmo fosse interconnessa, dagli atomi più piccoli alla maestosità dell'universo. Fu lui a coniare la parola "particella di Dio" per il bosone di Higgs.

Migliaia di anni prima della nascita della scienza moderna e ancor prima che gli scienziati contemporanei si avventurassero nei misteri dell'universo, le Scritture induiste, i *Veda* e, in particolare, i testi del *Vedanta*, affermarono, con argomentazioni e analisi logiche inoppugnabili, l'esistenza di un'intelligenza superiore conosciuta come Dio, o Coscienza Suprema, la sola e unica realtà su cui poggia la diversità del mondo. Deve esistere uno spirito misterioso e senza tempo che preserva il moto armonioso e ordinato di questo universo ed è presente nel flusso eterno del tempo. Gli antichi *rishi* Lo chiamarono *Brahman*, Coscienza assoluta, il Sé Supremo, l'Uno senza inizio, né mezzo, né fine. Descrissero questo Essere trascendente come "più piccolo del più piccolo e più grande del più grande", al di là delle parole, della mente e dell'intelletto.

Riporto questo verso sanscrito della *Kathopanishad* per un vostro riferimento:

> *aṇōraṇīyānmahatō*
> *mahīyānātmāsyajantornihitō guhāyām*
> *tamakratuḥ paśyati vītaśōkō dhātuḥ*
> *prasādānmahimānamātmanaḥ*

> Più sottile del sottile, più grande del più grande, nel cuore di ogni essere vivente dimora l'*Atma*. Chi è libero dal desiderio, con la mente e i sensi composti vede la gloria dell'*Atma*, affrancato dal dolore. (1.2.20)

La parola "*Bharatam*" (India) significa ciò che è consacrato alla luce, allo splendore della conoscenza. Non è possibile trovare tale diversità ecologica/biologica e magnificenza da nessun'altra parte. Gli antichi *rishi* dell'India avevano esplorato i misteri dell'universo e fatto l'esperienza dell'unità che fa da sostrato alla pluralità del mondo.

Come mostra questo elenco, l'India antica ha avuto maestri in ogni ramo del sapere:

- *Acharya Aryabhatt* – Grande astronomo e matematico
- *Bhaskaracharya* – Genio dell'algebra
- *Acharya Kanad* – Fondatore della teoria dell'atomo
- *Rishi Nagarjuna* – Considerato il mago della chimica
- *Acharya Charak* – Padre della medicina
- *Sushrut* – Padre della chirurgia plastica
- *Varahamihir* – Eminente astrologo ed astronomo
- *Patanjali Maharshi* – Padre della scienza dello yoga
- *Bhardwaj Maharshi* – Pioniere della tecnologia aeronautica
- *Kapila Maharshi* – Padre della cosmologia e di molte altre scienze.

Come dice Amma: "I *rishi* non hanno mai considerato la scienza e la spiritualità come entità separate. Per loro la scienza e la spiritualità erano complementari e non in contraddizione". Sebbene i veggenti antichi avessero descritto la realtà ultima dell'universo come priva di un nome e di una forma, immutabile, senza inizio, durata né fine, credevano anche che questo principio fosse l'essenza di ogni cosa del creato, animata e inanimata. Intraprendendo rigorose austerità (*tapas*) dimostrarono con la loro vita che ogni essere umano può realizzare questa verità intrinseca.

La *Kathopanishad* dichiara:

> *yadā sarvē pramucyantē kāmā yē's̠ya hṛdi*
> *śritāḥ*
> *atha martyō'mṛtō bhavatyatra brahma*
> *samaśnutē*

> Quando tutti i desideri radicati nel cuore
> di un individuo vengono meno, allora il
> mortale diviene immortale e qui (mentre è
> ancora in vita) raggiunge *Brahman*. (2.3.14)

Però l'*Upanishad* aggiunge anche che questa conoscenza suprema non può essere impartita da una persona inferiore che ha acquisito tale conoscenza solo attraverso i libri.

*na narēṇāvarēṇa prokta ēṣa suvijñēyo
bahudhā cintyamānaḥ
ananyaproktē gatiratra nāstyaṇīyān
hyatarkyamaṇupramāṇāt*

Insegnato da chi ha una comprensione
inferiore, l'Atma non può essere
pienamente compreso, anche se Lo si
contempla assiduamente. Non c'è alcun
modo (di conoscerLo) se non attraverso
l'insegnamento di qualcun altro, di un
maestro illuminato, poiché è più sottile del
sottile, al di là della ragione. (1.2.8)

Le *Upanishad* sono le parole dei Maestri che
realizzarono il Sé. Questi veggenti della Verità
suprema tentarono di parlare dell'Inesprimibile,
inaccessibile alla mente e alle parole. Il linguaggio
che utilizzarono per condividere la loro esperienza
personale non può essere quindi che di natura
sottile. A chi non è illuminato, non stabilito nel
supremo *Brahman*, potrebbe sembrare enigmatico,
pieno di contraddizioni. Una tale persona non
sarebbe in grado d'impartire la conoscenza
suprema del Sé, il cuore stesso della nostra
esistenza. Per contro, non c'è spazio per dubbi né

divergenze quando questa conoscenza sottile viene trasmessa dal conoscitore del Sé, da chi ha trasceso il senso della dualità. Questo è il senso del verso appena riportato.

I testi religiosi di tutte le fedi dipingono Dio come l'Essere più compassionevole, l'Incarnazione di tutte le virtù quali amore puro, abnegazione, altruismo, nobiltà d'animo, umiltà, semplicità, assenza di paura e così via.

È possibile parlare con un tale Dio? Siamo in grado di vedere, toccare, sentire e sperimentare il Dio delle Scritture? La ricerca di un Dio che possieda tutti questi attributi esiste da tempi immemorabili e sono molti quelli che, in passato e ancor oggi, hanno compreso che quel Dio che stavano cercando era dentro di loro e non al di fuori. Avevano inoltre capito che la consapevolezza di questa verità incontaminata avrebbe portato colui che ne fa l'esperienza ad incarnare tutte le qualità divine di Dio, come descritte nelle Scritture induiste. Dopo aver svelato il mistero dell'esistenza, questi maestri spirituali illuminati condivisero la loro preziosa conoscenza con chi era alla ricerca della verità su Dio e diedero origine alla tradizione del rapporto Guru-discepolo.

Tale tradizione è viva ancora oggi e continuerà anche in futuro. Alla presenza di questi esseri straordinari è possibile avere un barlume di Dio. Una persona dalla mente aperta e non giudicante, veramente interessata a indagare sulla realtà, può scorgere la gloria di Dio, il Suo amore sconfinato, la compassione e altre Sue virtù.

Chiamiamo fisico colui che ha una profonda conoscenza della fisica, delle interazioni tra materia ed energia. Un attore di talento, un cantante o un pittore sono considerati artisti dotati. Allo stesso modo, vi sono medici, insegnanti, leader virtuosi e benedetti, e molti altri ancora con le stesse qualità. Non li riconosciamo e apprezziamo? Certamente.

Un artista, uno scienziato o un insegnante incredibilmente bravo può insegnare e formare un altro genio o discepolo straordinario. Esistono innumerevoli figure che eccellono in ogni ambito e tramandano il proprio sapere o talento, "conoscono le sottigliezze" di quella forma d'arte o di quella scienza. Non rimanendo in superficie o ai margini, scelgono d'immergersi profondamente nella conoscenza di quell'argomento ed acquisiscono un certo grado di identificazione, di unione con quel sapere. Ad esempio, se un attore che impersona il ruolo di una persona appartenente a una tribù non riesce, almeno in parte, a fare proprie le maniere e lo stile di vita di chi vive in una tribù, non potrà interpretare quel ruolo in modo toccante e incisivo. L'attore deve sapersi identificare in qualche modo con il personaggio che impersona. Analogamente, ci sono cantanti e musicisti che sanno cantare e suonare in modo celestiale e affascinano per ore il pubblico. Lo possono fare perché sono riusciti ad esprimere l'anima stessa di quell'arte. È abbastanza comune considerare queste persone dal talento eccezionale come un'incarnazione di quel sapere o di quella forma d'arte. In modo simile, chi conosce la totalità, *Brahman*, diventa tutt'uno con Quella verità assoluta.

Pertanto la *Mundaka Upanishad* afferma:

> *sa yōha vai tat paramam brahma vēda*
> *brahmaiva bhavati nāsyābrahmavitkulē*
> *bhavatitarati śōkam tarati pāpmānam*
> *guhāgranthibhyō vimuktō'mṛtō bhavati*

Chi conosce quel *Brahman* supremo, invero diventa *Brahman* e nella sua stirpe

non nascerà mai nessuno che non conosca
Brahman. Costui attraversa il dolore, la
virtù e il vizio e, liberatosi dai nodi del
cuore, diventa immortale. (3.2.9)

I maestri spirituali perfetti che dimorano permanentemente in questo stato di unità, la verità
immutabile dell'esistenza, sono in effetti Dio, lo
Straordinario in una forma umana ordinaria.
Osservandoli, giungiamo a capire che Dio c'è.
Tramite loro possiamo contemplare la gloria del
Divino, percepire il Suo potere e fare esperienza
della Sua bellezza. Tali esseri spirituali fungono
da ponte, anello tra il Divino e il mondo, interme-
diari perfetti tra il mondo dei nomi e delle forme
e l'Essere Supremo senza nome e senza forma.
Solo loro possono condurre gli altri sul cammino
verso Dio.

Amma l'ha illustrato con chiarezza attraverso
questo esempio: "Uno sconosciuto arriva in una
casa in cui c'è solo una donna con il figlio di sette
anni. Il marito è uscito per alcune commissioni.
La donna prova un po' d'imbarazzo nel farsi
vedere da un estraneo. Qual è il modo più
facile ed efficace per gestire tale situazione? Può
rimanere nella sua stanza e mandare il figlio a

chiedere all'uomo qual è il motivo della sua visita. Il bambino può andare e tornare liberamente tra la camera materna e il salotto dove l'estraneo è seduto e trasmettere i vari messaggi, giusto? In modo simile, il Guru ha la libertà di muoversi tra il mondo empirico, fenomenico, e lo sconosciuto regno di Dio. Il *Satguru* è il ponte che ci collega con il Supremo e conosce bene entrambi i mondi".

Per un discepolo non vi è altro Dio che il proprio Guru.

La *Svetasvatara Upanishad* afferma categoricamente:

> *yasya dēvē parābhaktiḥ yathā dēvē tathā*
> *gurau*
> *tasyaite kathitā hyarthāḥ prakāśante*
> *mahātmanaḥ*

> Queste verità, quando insegnate,
> risplendono solo in quell'anima elevata che
> ha una devozione suprema per Dio e una
> devozione altrettanto profonda per il Guru.
> (6.23)

Infinito è il potere di un vero maestro spirituale che dimora perennemente nello stato supremo della realizzazione del Sé. Il punto è: come possiamo riconoscere un simile Guru? Sul campo di battaglia di Kurukshetra, Arjuna pose la stessa domanda al Signore Krishna.

sthita-prajñasya kā bhāṣā samādhi-sthasya keśavasthita-dhīḥ kim prabhāṣēta kim āsīta vrajēta kim

Signore, qual è l'attitudine di chi è stabilito nello stato di Coscienza suprema? Come parla una persona illuminata? Come si siede? Come cammina? (2.54)

Nei successivi diciotto versi, il Signore Krishna illustra diciotto chiari segni che permettono di riconoscere lo *sthitaprajna*, colui che dimora nella consapevolezza più alta.

Il seguente elenco descrive dettagliatamente le caratteristiche di un'anima perfetta, come descritta dal Signore Krishna nella *Bhagavad Gita*.

1. Gli *sthitaprajna* hanno trasceso tutti i conflitti causati dalle coppie di opposti (*dvandatita*), liberi dalle simpatie e dalle antipatie, dagli attaccamenti e dalle avversioni. Privi del senso dell'io e del mio, accettano in modo equanime tutte le esperienze duali della vita come il

dolore e il piacere, la virtù e il vizio, l'onore e
il disonore, il bene e il male.

2. La vita degli *sthitaprajna* è un esempio perfetto
della realtà suprema dell'*Atma*, il Sé, il Divino
presente potenzialmente in tutti gli esseri.
Attraverso la parola e l'azione, esprimono
l'unità e l'indivisibilità di tutta l'esistenza.

3. A prescindere dalle circostanze esterne in
costante mutamento, gli *sthitaprajna* risiedono
in uno stato di beatitudine incessante che è la
natura del Sé interiore. Nulla può intaccare
la conoscenza pura (*jnana*) di queste anime.

4. Gli *sthitaprajna* impersonano lo Straordinario
in una forma umana ordinaria. Poiché
vivono anch'essi in questo mondo, possono
comportarsi come un normale essere umano,
rimanendo allo stesso tempo consapevoli della
realtà assoluta, dell'unità suprema.

5. Totalmente privi di ego, gli *sthitaprajna*
agiscono senza avere la sensazione di essere gli
autori di un'azione. Non rivendicano nulla.
Possono compiere azioni, ma queste loro azioni
non li vincolano perché non si identificano né
con il corpo né con la mente.

6. Gli *sthitaprajna* sono sempre calmi e composti, sereni e felici. Anche nel caos più completo, rimangono imperturbabili.

7. La conoscenza degli *sthitaprajna* nasce dalla loro consapevolezza dell'unità del tutto, dell'esistenza. La loro saggezza trascende tutte le forme e i luoghi di culto, le pratiche spirituali e le Scritture.

8. Essendo tutt'uno con la coscienza universale, la libertà degli *sthitaprajna* è infinita. Non sono tenuti a seguire i costumi e le abitudini della società, le sue tradizioni, i dettami contenuti nelle Scritture, l'etichetta, e via di seguito. Potrebbero comunque osservarli, senza però rimanerne vincolati. Al tempo stesso, gli *sthitaprajna* non imporranno mai la loro libertà a nessuno, non infrangeranno le regole, le norme e il codice di comportamento stabiliti dalla società.

9. Gli *sthitaprajna* appartengono a tutti. Appartengono al mondo, a tutte le nazioni, a tutte le culture, all'intera creazione. Esistono per il bene di tutti gli esseri di tutti i tempi. La loro stessa natura è amore e compassione. Queste

anime perfette considerano l'intero universo la propria dimora.

10. Gli *sthitaprajna* non hanno nessun tipo di aspettativa. Essendo privi di desideri, sono i Signori dell'universo e hanno un controllo perfetto di se stessi.

11. Gli *sthitaprajna* non sono benedetti, ma sono la benedizione stessa. Impersonano la purezza e la conoscenza suprema e dimorano permanentemente nella più alta esperienza spirituale (*sahaja samadhi*) da cui non c'è ritorno.

12. Gli *sthitaprajna* non utilizzano necessariamente le parole, ma fanno i fatti. Sono un esempio perfetto per tutti, al di là della propria estrazione sociale.

13. La vita che gli *sthitaprajna* conducono nel mondo è al confine di due mondi: quello pragmatico e fenomenico e quello della Coscienza suprema.

14. Negli *sthitaprajna* possiamo vedere la confluenza di tutti i sentieri spirituali. Queste Grandi Anime sono perfetti *bhakta* (devoti), *karma yogi* (coloro che praticano l'altruismo) e *jnani*, incarnazioni dell'*Advaita Vedanta* (la filosofia del non dualismo). A seconda delle

circostanze e delle necessità, possono essere tutto ciò che desiderano.

15. Dimorando fermamente in uno stato di perfetta visione equanime e di non attaccamento, gli *sthitaprajna* non hanno amici né nemici. Sempre appagati dal proprio Sé, vedono in modo equanime chi li insulta e chi li esalta.

16. Avendo realizzato il *Brahman* assoluto, senza inizio, né stato intermedio né fine, il Sé mai nato e immortale, gli *sthitaprajna* sono completamente senza paura.

17. Per gli *sthitaprajna*, Dio è con forma e senza forma, limitato e illimitato, immanente e trascendente.

18. Gli *sthitaprajna* danno uguale importanza a tutti i cammini spirituali. Poiché ogni cosa è pervasa dalla coscienza di Dio, nulla è insignificante o non importante. Per loro non esiste la materia, non c'è nulla d'inanimato perché esiste solo Dio, c'è solo la Coscienza.

Il diciottesimo verso del quinto capitolo della *Bhagavad Gita* dice:

vidyā-vinaya-sampannē brāhmaṇē gavi hastini

śuni caiva śva-pāke ca paṇḍitāḥ sama-
darśinaḥ

Chi conosce il Sé guarda con occhio
equanime un bramino dotto e umile, una
mucca, un elefante, un cane e un fuori casta.

Permettetemi di condividere un episodio della vita
di Amma che ben illustra il significato profondo
di questo verso. Io stesso sono stato testimone
di un tale incomparabile atto di compassione
proprio il giorno in cui incontrai per la prima volta
Amma. Dattan, un lebbroso, veniva regolarmente
al darshan. Era una scena molto toccante e al
tempo stesso si provava stupore nel vedere come
lei riversasse il suo amore e la sua compassione
su quest'uomo, anche se aveva il corpo completamente sfigurato e coperto da piaghe purulente
e ferite sanguinanti. Poiché Amma considera
tutti come suoi figli, lo abbracciava con lo stesso
amore e la stessa compassione che mostrava per
chiunque altro, o forse ancora di più. Sotto lo
sguardo di centinaia di devoti, Amma leccava
quelle ferite purulente. Per i presenti si trattava
di uno spettacolo agghiacciante e al tempo stesso
profondamente commovente. Nel tempo, Dattan

guarì del tutto. La sua unica medicina fu la saliva di Amma. Tutte le sue ferite scomparvero e sul suo corpo rimasero solo delle cicatrici.

Gli *avatar* o le incarnazioni di Dio come Amma sono come il vento che soffia ovunque: sulle montagne, sulle valli, sul Gange come sulle acque fangose e stagnanti, sulle ville e sulle catapecchie, sui fiori profumati e su quelli che provocano allergie, sui virtuosi e sui viziosi, senza considerare i meriti e i demeriti.

Un *Satguru* è anche chiamato *avatar* di Dio. In effetti un vero *Satguru* è un *avatar*. Non ho alcun dubbio che Amma sia un'incarnazione di Dio, unica nel suo genere. Credo che tutti quei devoti che osservano attentamente la sua vita e le sue azioni concordino con me.

Potreste chiedervi se c'è differenza tra un'anima che ha realizzato il Sé e un *avatar*.

Dal piano della più alta esperienza spirituale non c'è alcuna differenza. In essenza, sia Colui che ha realizzato il Sé che l'*avatar* sono entrambi e per sempre tutt'uno con lo stato di *sat-chit-ananda* ma, a livello oggettivo, esiste una differenza. Ciò che distingue fondamentalmente un *avatar* da un essere illuminato è che il primo avrà una compassione, un amore, un altruismo, una pazienza, una capacità di perdonare e un'abnegazione infiniti: tutta la sua vita sarà spesa ad elevare la società e a guidare aspiranti spirituali in cerca di Dio verso questa meta. In poche parole, un *avatar* è l'incarnazione della compassione.

Una persona illuminata, invece, anche se dimora in quello stato eccelso di unità, vive nella beatitudine suprema senza preoccuparsi del mondo e di coloro che vi si sono persi. In passato, agli inizi degli anni '80, Amma ci diede molte opportunità di stare alla presenza di tali persone illuminate. Sebbene la loro unione con il Supremo fosse evidente e tangibile, questi esseri erano completamente distaccati da ciò che accadeva quotidianamente nel mondo. Incuranti di tutto e di tutti, non erano assolutamente consci della loro esistenza corporea e di quanto li circondava, e neppure del dolore e della sofferenza altrui. Osservarli ci fece capire il netto contrasto tra lo stato in cui dimora un *avatar* e quello in cui risiede un'anima illuminata. Pur essendo entrambi pervenuti allo stesso livello di coscienza e alla Realizzazione, il modo in cui avevano scelto di stare in questo mondo sembrava completamente diverso.

In effetti, solo e soltanto un'anima illuminata ha il potere interiore di scegliere. Poiché è tutt'uno con l'infinito, anche le sue scelte sono infinite. Non ha nessuna barriera.

Agli inizi degli anni '70, poco dopo che Amma aveva cominciato a manifestare il *Devi Bhava*, suo padre Sugunanandan, pensando che la figlia fosse posseduta da qualche essere divino, chiese a Devi di lasciare il corpo di Amma. Naturalmente era preoccupato per il suo benessere fisico e mentale e voleva anche che sua figlia potesse condurre una vita normale. Entrò quindi nel tempio durante il *Devi Bhava* e insistette affinché Devi abbandonasse il suo corpo. Amma rispose dicendo: "Se ti restituisco tua figlia, ciò che avrai sarà solo un cadavere che ben presto inizierà a decomporsi e che dovrai seppellire!". Irremovibile, Sugunanandan insistette con foga nella sua richiesta. Alla fine Amma disse: "In questo caso, eccoti tua figlia. Prenditela!". Amma crollò immediatamente a terra: il suo corpo si irrigidì, il cuore smise di battere e il respiro cessò. Era morta a tutti gli effetti.

Pieno di rimorso e piangendo a dirotto, Sugu-nanandan implorò la Madre Divina di riportare in vita la figlia. Disperati, i devoti presenti al *Bhava Darshan* si unirono a lui pregando intensamente. Trascorsero otto ore prima che ci fosse un leggero movimento nel corpo di Amma e lei ritornasse in vita.

Questo episodio mostra come un'anima che ha realizzato il Sé possa lasciare e rientrare conscia-mente nel corpo. Mentre noi tutti moriamo senza poter decidere, una volta imparato come morire, possiamo scegliere la nostra nascita e la nostra morte, avendone il perfetto controllo. Il corpo è l'oggetto mentre l'*Atma*, il Sé, è il Soggetto, la Pura coscienza.

Amma dice: "Sentiamo spesso le persone usare l'espressione: 'il dolore della morte'. Da nessuna parte sentiamo qualcuno dire: 'la beatitudine della morte'. In effetti, quando l'ego viene eliminato completamente, come celebriamo il nostro compleanno così possiamo celebrare la nostra morte. Quando moriamo in piena consapevolezza, sappiamo che l'atto del morire riguarda solo la morte del corpo. Quando l'ego muore, sperimen-tiamo una libertà incondizionata".

Il corpo (l'oggetto) è composto da cinque elementi: etere, aria, fuoco, acqua e terra. Questo corpo ha dei limiti ed è inevitabilmente sottoposto a trasformazione, disfacimento e ritorno progressivo al suo stato originale. Per contro, il Soggetto, l'*Atma*, il Sé, l'energia pura di cui siamo fatti, è differente. Questa energia è la stessa che è presente in tutto ciò che sentiamo, tocchiamo, vediamo, gustiamo e odoriamo, in ogni cosa animata e inanimata, grossolana e sottile, in ciò che accade e anche in ciò che ci è ignoto. Quando facciamo l'esperienza di questa unità intrinseca siamo davvero tutt'uno con l'universo. Siamo l'universo. È come un seme che diventa albero. In realtà, il seme è un albero allo stato dormiente.

Questa consapevolezza trasforma e rivela l'infinito potenziale che è dentro di noi, l'incommensurabile energia che è la nostra essenza. Scoprire la nostra vera natura apre la porta all'infinito.

Noi esseri umani affermiamo di avere una grande libertà, ma il fatto è che siamo condizionati da numerosissimi limiti. Il libero arbitrio e la libertà di scelta che pensiamo di avere esistono solo nei nostri sogni. Nella maggior parte dei casi agiamo come una mucca legata a un albero con una corda al collo. Così, se mi chiedete: "Abbiamo il libero arbitrio?", risponderò: "Sì, lo abbiamo, ma tanto quanto quello di una mucca legata a un albero".

Un giorno un discepolo chiese al suo Guru: "Maestro, quanta libertà di scelta ho?".

Il maestro rispose chiedendogli di alzare una gamba. Il discepolo sollevò la gamba sinistra.

"Ora solleva anche quella destra", aggiunse.

"Come faccio? Perderò l'equilibrio e cadrò" ribatté il discepolo.

Il maestro sorrise e spiegò: "Esatto. Così la tua libertà di scelta finisce con il sollevare solo una delle due gambe. Prima di alzarla, sei libero di scegliere se alzare la destra o la sinistra. Una volta sollevata, la tua libertà è finita".

Nei *Veda* e nelle Scritture antiche induiste troviamo riferimenti ai sacrifici di animali, indicati con il termine sanscrito "*pashu*". Sebbene questa parola significhi comunemente "mucca", viene usata anche per designare una mandria o un animale. L'origine etimologica della parola sembra essere la radice sanscrita "*pash*", che vuole dire corda, ciò che lega. Così, il vero significato dell'uso di *pashu* ci rimanda al concetto secondo cui tutti noi siamo imprigionati dall'ego, dalla corda dell'ignoranza. Le redini della nostra vita sono nelle mani dell'ego, senza una vera conoscenza e consapevolezza, a indicare che, invece di vivere radicati nel nostro vero essere, conduciamo un'esistenza egocentrica, stretti dai lacci delle nostre emozioni inferiori. Così, quando i *rishi* dissero di sacrificare "*pashu*", ciò che intendevano era superare le tendenze animali, trascenderle, rinunciare all'ego ed essere liberi.

Nella nostra vita si svolge una lotta incessante tra il passato, "ciò che eravamo", e il futuro, "ciò che vorremmo diventare": questo è il terreno sui cui è costruito l'ego. Tra il passato e il futuro c'è il "momento presente", la dimora della vera pace e della vera felicità. Sfortunatamente continuiamo a perdere il momento che abbiamo sottomano, attirati continuamente dal futuro, dal desiderio di raccogliere il frutto delle nostre azioni *(karma phala)*. Questa esperienza incredibilmente intensa si ripete di continuo. Ci sentiamo come una mucca legata al collo da una fune che strattona ripetutamente chi tiene in mano l'altro capo della fune. Quando questa lotta ha fine o quando la si abbandona, diventiamo completamente liberi.

Cosa ci rende limitati, finiti e vincolati? Le idee errate che abbiamo della vita, del mondo, dei rapporti con le persone, con gli oggetti e con la nostra stessa esistenza fisica. Questi concetti fondamentali errati creano un legame basato su un attaccamento non intelligente tra noi e ogni persona od oggetto con cui entriamo in contatto. Amma dice che: "Quando etichettiamo la vita come 'la mia vita', 'la tua vita' o 'la sua vita', stiamo creando una divisione che in realtà non esiste. Tutte queste demarcazioni esistono solo nella mente e nei pensieri, sono puri concetti mentali. In realtà, la vita è la totalità della coscienza".

Per tutti noi la vita ha un valore inestimabile. Pur trattandosi di una verità sacrosanta, cosa sappiamo dell'esistenza? Conosciamo qualcosa della sua grandiosità, della sua natura infinita? Quando diciamo: "la mia vita", pensiamo mai che ci stiamo riferendo solo a un "tratto di cielo", quello che vediamo da uno spioncino della nostra mente? Naturalmente anche quel "pezzettino" fa parte del cielo infinito. Quel tratto che intravediamo è, sostanzialmente, tutt'uno con il cielo. Come realizzarlo e vivere consapevoli della totalità è ciò che un *Satguru* ci aiuta a scoprire.

Un maestro perfetto è colui che ha trasceso tutte le nozioni errate create da un ego limitato, dal corpo, dalla mente e dalle sue emozioni, dal mondo e dalle cose materiali. Un *Satguru* ha raggiunto il più alto grado di consapevolezza ed è tutt'uno con il cielo, con l'esistenza intera. Ha quindi la capacità interiore di scegliere perché la libertà di cui gode è perfetta e incontaminata.

L'unione suprema con Dio è così travolgente che ci si potrebbe scordare del mondo e della propria esistenza fisica, immersi in quella beatitudine incomparabile. Un essere illuminato può dimenticarsi completamente del mondo e non preoccuparsi della sofferenza della gente. Potrebbe non aiutare, guidare o prendersi la responsabilità di condurre coloro che brancolano nel buio o sono alla ricerca di Dio. Oppure potrebbe mostrare infinita compassione ed essere quindi nel mondo, guidando ed elevando le persone. In tal caso, tale figura è chiamata *avatar*, *Satguru*.

Condividerò qualche episodio che sono certo vi aiuterà a capire cosa intendo.

Ottur Unni Nambuthirippad era un eminente studioso, poeta e ardente devoto del Signore Krishna. Nel 1983, all'età di ottantacinque anni, venne ad abitare nell'ashram di Amma. Era come un bambino davanti a lei. Amma lo chiamava amorevolmente "Unni Kannan" o "Ottur*mon*" (figlio Ottur). L'unico, il solo desiderio di Ottur, la sua unica preghiera ad Amma, era: "Amma, quando esalerò il mio ultimo respiro, lascia che la mia testa riposi sul tuo grembo. Questo è il mio unico desiderio, la mia unica preghiera. Madre mia, lasciami morire con la testa sul tuo grembo". Ripeteva con tutto il cuore questa preghiera alla Madre ogni volta che la incontrava.

Nel 1989, poco prima del terzo tour mondiale di Amma, la salute di Ottur declinò rapidamente. Le sue condizioni erano così gravi che non riusciva più ad alzarsi dal letto. Tutti, compresi i medici, pensarono che fosse alla fine dei suoi giorni. L'unico timore dell'uomo era di lasciare il corpo mentre la Madre sarebbe stata all'estero.

Un giorno Ottur confidò ad Amma il timore di morire prima che lei tornasse dal tour degli Stati Uniti e che quindi non sarebbe riuscito ad esaudire l'ardente desiderio di morire sul suo grembo. Amma lo accarezzò con affetto e rispose categorica: "No, figlio mio, non accadrà! Non avere dubbi, lascerai il corpo solo dopo il ritorno di Amma". Tali parole lo rincuorarono moltissimo perché questa promessa scaturiva proprio dalle labbra di Amma. Ottur credeva fermamente che la morte non l'avrebbe toccato prima del suo ritorno.

Questo è proprio quanto accadde il mattino del 25 agosto, un venerdì, come aveva predetto la Madre: Ottur esalò l'ultimo respiro con il capo in grembo ad Amma. Il punto è che, quando lui temette di morire prima che Amma ritornasse dall'estero, Amma gli disse, decisa: "No, figlio mio, non accadrà! Non avere dubbi, lascerai il corpo solo dopo il ritorno di Amma". La domanda è: chi, se non un *Satguru* come Amma che ha conquistato la morte ed è andato oltre il fenomeno della nascita e della morte, può ordinare alla morte di non toccare un suo devoto senza il suo permesso?

Un altro aspetto incredibile della vita di Ottur era che questo poeta compose un canto venticinque anni prima che Amma nascesse sulla Terra. Ecco alcuni dei versi più significativi:

kaṇṇande puṇya nāma varṇaṅgaḷ
karṇattilennu kēḷkkum ñān...

Quando sentirò risuonare nelle mie
orecchie i gloriosi nomi di Krishna?

L'ultima strofa del poema dice:

āṭṭavum kazhiññammatan maṭi
taṭṭilēkennu vīzhum ñān
vīṇumammatan śītalānkattil
sānandam ennurangum ñān

Avendo recitato la mia parte, quando
giacerò finalmente in grembo a mia Madre?
Adagiato sul Suo grembo, quando dormirò
in piena beatitudine?

Come aveva desiderato, questo grande devoto del
Signore, Ottur, lasciò il corpo con la testa posata
sul grembo di Amma, scorgendo in quel viso la
bellissima forma del suo amato Krishna. Questo
illustra come un'incarnazione di Dio come Amma
esaudisca le preghiere sincere e accorate di un vero
devoto.

La grande santa Mira Bai è ricordata ancora
oggi per l'amore e l'abbandono incondizionati che
aveva per il Signore Krishna. Ecco un episodio
della sua vita. Uno dei re di Mewar (l'attuale
Rajasthan) era diventato molto geloso della

popolarità di Mira e aveva deciso di avvelenarla. La santa accettò di buon grado la coppa di veleno e, come d'abitudine, la bevve dopo averla prima offerta a Krishna. Fu allora che accadde qualcosa di prodigioso: il veleno che bevve si tramutò in nettare innocuo. Mira Bai non ne risentì, ma la statua di Krishna cominciò a cambiare colore per effetto del veleno.

C'era un cane molto affezionato ad Amma che si comportava come un servo fedele e le faceva da guardia. Agli inizi degli anni '80 contrasse la rabbia e venne legato con una catena a un albero. Sebbene tutti noi cercassimo di impedirglielo, Amma gli si avvicinò, gli diede da mangiare dalla sua mano, lo accarezzò e lo baciò. Volevamo che Amma si vaccinasse contro la rabbia, ma lei disse: "Non c'è problema, non succederà nulla".

Questi fatti sono una dimostrazione dell'unità di questi grandi maestri con l'universo, con Dio, con l'Infinito.

Le persone comuni, quelle come noi, definiscono l'amore esclusivamente in termini di relazioni interpersonali. In quanto principio universale, l'"Amore" è tuttavia impersonale, al di là delle barriere di religione, nazionalità, lingua, al di là delle distinzioni tra esseri umani, animali, piante, ecc... Trascende ogni cosa, tutti i nomi e tutte le forme. Diventa senza forma. In questo stato, nulla vi può nuocere perché non siete più identificati con il vostro corpo.

Quando Amma cominciò a ricevere le persone e ad abbracciare chiunque si recasse da lei, vi furono tantissime proteste e grande disapprovazione da parte degli abitanti del villaggio e dei membri della sua famiglia. Da un certo punto di vista si poteva ben comprendere l'opposizione della sua famiglia perché una ragazza che abbracciava persone di tutte le età, a prescindere dal genere a cui appartenevano, era del tutto estraneo alla loro cultura. I suoi famigliari temevano soprattutto che nessun pretendente proveniente da una famiglia rispettabile avrebbe mai chiesto la mano di una delle sorelle di Amma.

Quando ogni sforzo per farle smettere quello "strano comportamento" fallì, un cugino di Amma la chiuse in una stanza e, impugnando un coltello, minacciò di ucciderla se non avesse cessato di abbracciare la gente. Imperturbabile, Amma non cedette minimamente alla richiesta del cugino e molto tranquillamente rispose: "Se vuoi, uccidimi. Ma puoi solo distruggere il corpo. L'anima è immortale. Qualunque cosa accada, nessuna circostanza potrà cambiare il mio modo di agire. Questo è il mio *dharma*: voglio offrire al mondo la mia vita per dare conforto e consolare gli afflitti fino al mio ultimo respiro. Sono completamente votata a questa causa". Immaginate come oggi sarebbe il mondo se lei, per paura, avesse ceduto a quelle minacce! Queste poche parole: "Va bene, obbedirò" avrebbero cambiato la storia. Nel vedere la forza di volontà, l'assenza di paura e la fermezza delle parole di Amma, il cugino uscì sconcertato ed esasperato dalla stanza.

Solo un autentico maestro spirituale come Amma, qualcuno che è tutt'uno con l'universo e conosce a fondo i misteri della vita, è assolutamente senza paura e dimora stabilmente nell'amore puro e incondizionato. Solo lui può aiutarci in questo processo.

Mossa da pura compassione, Amma ha scelto di stare in questo mondo per guidare le persone dalla "Falsità alla Verità, dalle tenebre alla Luce e dalla morte all'Immortalità". Come affermano le Scritture, un maestro così grande, un *Satguru* che

ha la conoscenza del *Brahman*, la Realtà suprema,
è invero *Brahman* stesso. È l'incarnazione di Dio.

7 | UN CUORE VASTO COME IL CIELO

Il mondo conosce un solo tipo di amore, meglio noto come "attaccamento". Questa emozione, sebbene sia comunemente ritenuta amore, non è amore vero, bensì attaccamento, che può trasformarsi nel suo opposto e diventare avversione in qualsiasi momento. In altre parole, l'attaccamento, che consiste nell'attrazione verso una persona o un oggetto, è come una maschera sotto cui si nasconde l'avversione o la repulsione.

Oggi amate qualcuno perché vi piace, ma se domani la stessa persona vi critica, il vostro amore diventa odio. In pratica, una persona o un oggetto o ci piace o non ci piace. Tutte le nostre emozioni rientrano quindi in una di queste due categorie: simpatie o antipatie. Quando vi piace qualcuno provate attrazione o attaccamento nei suoi confronti, ma in altre circostanze l'emozione che prevale in voi potrebbe essere l'avversione.

La nostra percezione ci fa erroneamente credere che l'amore sia possibile solo se esistono due entità separate. Di fatto l'amore è sia con forma sia senza forma. Le due entità possono fondersi e diventare uno, trascendendo così ogni dualità. Nei suoi *Bhakti Sutra*, il saggio Narada dice:

sā tvasmin parama prēma rūpa

Bhakti è l'amore assoluto
per l'Essere Supremo. (2)

La *bhakti*, o amore puro, non è un'emozione: la sua natura è eterna, mentre le emozioni sono mutevoli, instabili ed effimere.

Non siamo capaci di amare qualcuno o qualcosa in modo disinteressato. "Lo amo perché è attraente". "Lei è il mio capo, per questo mi piace".

Le emozioni non sono durevoli: ad esempio, quando un amico stretto o un famigliare muore, siamo addolorati per qualche tempo e poi lo dimentichiamo. Due persone che stanno divorziando provano angoscia per un certo periodo e poi intrecciano un'altra relazione.

La *Bhagavad Gita* dice:

> *mātrā-sparśās tu kauntēya śītoṣṇa-sukha-duḥkha-dāḥ*
> *āgamāpāyino'nityās tans-titikṣasva bhārata*

> Il contatto dei sensi con gli oggetti, o figlio di Kunti, produce le esperienze del caldo e del freddo, del piacere e del dolore. Esse sono transitorie, vanno e vengono. Sopportale con fermezza, o discendente di Bharata! (2.14)

La vera devozione, l'amore per l'amore, va oltre le comuni relazioni del mondo basate sulle preferenze e sulle avversioni, e comporta il perdere se stessi, il proprio ego, nella vastità sconfinata di Dio.

Il seguente poema di Mira Bai, la cui devozione per il Signore Krishna non ha pari, ci mostra un barlume della forma più alta d'amore:

Indissolubile, o Signore,
è l'amore
che mi lega a Te:
come un diamante,
rompe il martello che lo colpisce.

Il mio cuore si fonde in Te
come la luce nell'oro.
Come il loto vive nell'acqua,
io vivo in Te.

Come l'uccello
che per tutta la notte
guarda, rapito,
il cammino della luna nel cielo,
io mi sono persa in Te.

Ricordo queste parole di Amma: "In tutto il mondo le persone dicono: 'Ti amo' (lett. 'I love you', 'Io amo te', N.d.T.). Sembra che l'amore sia intrappolato tra io e te. Dovremmo intraprendere un viaggio che porta da 'Io ti amo' a 'Io sono amore', perché questa è la verità della nostra esistenza. Noi siamo l'amore senza alcuna forma, siamo l'incarnazione dell'amore".

Amma inoltre dice che "Quando dimorate nell'amore, quel tipo di amore è piuttosto impersonale. In quello stato, la vostra attitudine non è 'Amo questa persona' oppure 'Amo quella persona'".

Per capire fino in fondo queste parole, osservate Amma. Lei, semplicemente, ama. È amore. Amma è sempre disponibile, proprio come afferma: "Come un fiume, semplicemente, scorro".

Per un grande maestro come lei, stabilito permanentemente nello stato di pura coscienza, la beatitudine data dalla pura esistenza è la sua vera natura e il cielo della consapevolezza la sua dimora. I rapporti come quelli tra madre e figlio, Guru e discepolo, amico e nemico non trovano posto su quel piano di coscienza. In quello stato, la sola esperienza possibile è *"Shivoham"*, ovvero io sono Shiva, la coscienza assoluta.

Ricordo questi celebri versi tratti dal *Nirvāshatkam* di Sri Adi Shankaracharya, che sono la quintessenza dell'esperienza suprema:

na bandhūr na mitram gururnaiva śiṣyaḥ
cidānanda rūpaḥ śivō"ham śivō"ham

Non ho parenti né amici
e neppure un Guru né un discepolo.
Sono pura Coscienza e pura Beatitudine.

Sono Shiva! Sono Shiva! (5)

La mente e il corpo, l'attaccamento e la liberazione, l'azione e l'inazione, esistono solo a livello empirico. Al di là di questo piano c'è una coscienza indivisibile che non ha inizio né fine e neppure uno stato intermedio.

Cosa esisteva prima della creazione, ovvero prima di ciò che la scienza moderna chiama il "Big Bang"? Persino gli scienziati sanno solo formulare ipotesi a riguardo.

Le Scritture induiste affermano che l'universo ha avuto origine dalla sacra sillaba OM. La vita nelle sue diverse forme è emersa da un unico principio. In altre parole, l'universo si è manifestato dal nulla. Sebbene senza forma, questo "nulla" non era assenza o vuoto, bensì la presenza di un'intelligenza superiore, la più sottile e la più potente forma di energia, l'essenza di tutto, l'universo intero.

La *Bhagavad Gita* dice:

*paras tasmāt tu bhāvō"nyō"vyaktō"vyaktāt sanātanaḥ
yaḥ sa sarveṣu bhūtēṣu naśyatsu na vinaśyati*

Ma al di là di questo Immanifesto, vi è l'altra immanifesta ed eterna Realtà che non viene distrutta quando tutte le creature sono distrutte. (8.20)

avyaktō"kṣara ityuktas tam āhuḥ paramām gatim
yam prāpya na nivartantē tad dhāma paramam mama

L'Immanifesto, l'Immutabile, è stato descritto come la Meta Suprema. Coloro che pervengono a questo mio Stato, il più eccelso, non ritornano più. (8.21)

Ecco una bellissima storia tratta dalla *Chandogya Upanishad*:

Desideroso di acquisire la sapienza, Shvetaketu chiese al padre, il grande saggio Uddalaka: "Perché non sono in grado di vedere l'*Atma* se è onnipervadente?".

"Portami un frutto del *nyagrodha* (albero di baniano) che è qui fuori," disse il padre. Quando il ragazzo tornò con il frutto, il padre gli disse di aprirlo e di guardare al suo interno.

Il saggio chiese: "Cosa vedi?".

"Dei semini minuscoli" rispose il figlio.

"Rompine uno".

"L'ho fatto, padre".

"Cosa vedi?".

"Niente…".

Come risposta, Uddalaka disse: "Figlio mio, un albero così meraviglioso può nascere dal nulla? Il fatto è che non sei in grado di percepire l'essenza sottile dell'albero contenuta nel seme. Quell'essenza rappresenta il nucleo del possente baniano. Sappi che in essa è racchiuso il sostrato di tutta l'esistenza. Quella è la Verità, quello è il Sé, e tu, *Shvetaketu*, sei Quello".

La *Taittiryapanishad* dichiara:

so, akāmayata, bahusyām prajāyēyēti,
sa tapō,atapyata, sa tapastaptvā, idam
sarvamasrjata,yadidam kiñca, tat srṣtvā,
tadēvānuprāviśat, tadanupraviśya, sacca
tyaccābhavat, niruktam cāniruktam ca,
nilayanam cānilayanam ca, vijnānam
cāvijnānam ca, satyam cānṛtam
ca satyamabhavat, yadidam kiñca,
tatsatyamityācakṣatē.

Lui, il Sé Supremo, formulò questo desiderio:

"Che io possa essere molti, che io possa nascere". Intraprese pratiche ascetiche. Avendole svolte, creò tutto questo, tutto ciò che esiste. Dopo averlo creato, entrò in esso. Dopo esservi entrato, divenne il manifesto e l'immanifesto, il definito e l'indefinito, ciò che ha un supporto e ciò che non lo ha, l'intelligenza e l'ignoranza, il reale e l'irreale. *Satya* (la Verità) divenne tutto questo, ovvero ogni cosa esistente. Per questo (il saggio) chiama Quello (*Brahman*) la Verità. (Brahmananda Valli 6:6)

Questo potrebbe essere un altro modo per descrivere con efficacia lo stato prima del "Big Bang" e come sia avvenuta la creazione.

Le parole di Amma risplendono di antichi bagliori della verità suprema e racchiudono le verità universali in forma nascosta, come in un seme. Ecco perché le parole delle anime spiritualmente illuminate vengono ritenute leggi sacre. Questo è anche il motivo per cui tali verità universali sono note come *"Sabda Pramana"*, ovvero un'autorevole testimonianza verbale della Verità assoluta. Per comprenderle, la mente deve diventare meditativa.

Non occorre che un *Satguru* trasmetta il suo insegnamento con le parole. Le sue vie sono misteriose e un discepolo dovrebbe avere l'amore e la pazienza per osservarlo costantemente. L'amore innocente che un discepolo prova per il maestro gli permette di stabilire un legame lineare e sereno con lui ed è in quell'amore che è possibile decifrare il silenzio e ogni movimento del Guru.

Non cerchiamo forse un insegnante madrelingua quando vogliamo imparare una nuova lingua? Analogamente, il linguaggio estremamente sottile della spiritualità ci è del tutto nuovo mentre per Amma è la sua reale dimora, la sua lingua materna, il modo in cui comunica.

L'insegnamento in un rapporto studente-insegnante è possibile se vi sono alcuni elementi quali una classe, un orario, l'atmosfera adatta, i libri di testo e così via. Nella relazione Guru-discepolo, invece, l'insegnamento avviene sempre, in ogni circostanza. Sia che ci sembri pieno di significato oppure no, tutto ciò che il maestro fa attraverso le azioni, le parole, il silenzio, la collera, il sorriso, lo sguardo, l'aggrottamento delle sopracciglia, i movimenti degli occhi, è in grado di rimuovere un altro velo dell'arcano.

La conoscenza spirituale è la più sottile di tutte le conoscenze e non sempre è possibile trasmetterla verbalmente. In realtà, le parole hanno molti limiti e potrebbero distorcere la verità, ecco perché è estremamente importante osservare il Guru. Se il discepolo ha determinazione, sincerità e amore, l'osservazione sarà sempre più profonda fino a culminare nella meditazione.

È facile essere studenti, mentre l'essere discepoli richiede un incredibile coraggio ed amore. Nel primo caso, apprendere è puramente un esercizio intellettuale in cui si accumulano informazioni, nel secondo è un processo in cui si dimenticano tutti i dati raccolti dal mondo esterno per affidarsi completamente al maestro affinché ci dia nuova vita. Ecco perché Amma dice che "in una vera relazione Guru-discepolo è difficile distinguere il Guru dal discepolo perché il Guru è più umile del discepolo" e poi aggiunge: "La pazienza del Guru è il rifugio del discepolo".

Un discepolo è come l'uccellino appena uscito dal guscio, incapace di volare come la madre. Guardando le sue alucce, si chiede se potrà un giorno compiere le stesse prodezze della madre. Vorrebbe tanto librarsi in alto facendo del cielo il suo regno, ma ha paura. Osservare la madre che compie l'"impossibile", rende il suo desiderio di volare ancora più intenso. Nonostante sbatta le alucce, il piccolo non riesce neppure a sollevarsi un poco dal nido finché, a un certo punto, interviene mamma uccello che lo sprona a farsi coraggio e a sollevarsi in volo. Gli mostra perfino la sua abilità nel volare, per invitarlo, persuaderlo e spingerlo a seguire il suo esempio, quasi a dirgli: "Non preoccuparti, tesoro, ci sono io a proteggerti e a impedirti di cadere". Arriva il momento in cui, anche se sembra un po' brutale, o meglio mossa da una compassione brutale, mamma uccello spinge il piccolo fuori dal nido, nel vuoto, ed ecco che l'uccellino apre istintivamente le ali e vola nell'aria. Quella spinta è necessaria, altrimenti l'uccellino sarebbe rimasto rinchiuso nel bozzolo creato dalla paura, sprecando il suo potenziale innato. In questa storiella, la madre rappresenta il *Satguru*.

Un *Satguru* come Amma è anche una vera madre. Per stabilire una relazione incondizionata con il Guru, è necessario che i discepoli abbiano l'attitudine di un bambino. Quando è nel grembo, il bambino è tutt'uno con la madre: mangia, dorme e respira attraverso di lei. Il loro legame è estremamente profondo, inscindibile. Il discepolo dovrebbe non solo avere un tale rapporto con il maestro, ma renderlo ancora più profondo e intenso. Una relazione così innocente è la via migliore per disimparare e imparare di nuovo, disfare e rifare ogni cosa alla presenza del *Satguru*.

Il discepolo non ha nessuna consapevolezza della complessità del viaggio spirituale che ha intrapreso ed ignora sia il percorso che la destinazione. Quando visitiamo una nuova città o un nuovo Paese, ci rivolgiamo a una guida esperta che conosce perfettamente ogni angolo della città o del Paese, non è vero? La chiave per la realizzazione spirituale è composta da una sola parola: fiducia.

Vi racconterò una storia. Una bambina fece cadere la sua bambola, che andò in mille pezzi. Nel vedere i frantumi, la piccola scoppiò a piangere urlando. Tra le lacrime, disse al fratello: "Chiederò a Dio di rimettere assieme tutti i pezzi rotti della mia bambola".

"Pensi che Dio ascolterà la tua preghiera?", chiese il fratello dubbioso, e poi concluse dicendo: "Non credo proprio!".

"Dio risponderà certamente alla mia preghiera", dichiarò la bambina con la massima fiducia.

Dopo molto tempo, il fratello chiese alla sorellina: "Hai ricevuto una risposta?".

Con estrema convinzione e fiducia, la piccola rispose: "Sì, Dio ha detto che non si può aggiustare!".

L'unico rifugio di un bambino è la sua mamma. Se impariamo a rendere il nostro cuore come quello di un bambino, meriteremo un posto nel cuore di Amma, vasto come il cielo. Lei ci stringerà a sé e ci accompagnerà attraverso l'oceano del *samsara*, del dolore infinito.

Amma dice: "L'amore del Guru permea tutto l'universo, quindi le limitazioni del tempo e dello spazio non possono delimitare il suo flusso".

Nel 1999 ebbi un prolasso del disco cervicale. Fu un periodo d'intenso dolore e di grande sofferenza. Amma fu la prima ad avvertirmi, prima ancora che si manifestassero i sintomi. Stavamo facendo il tour annuale dell'India del Nord e, appena finito il programma di Bangalore, lei salì in macchina per raggiungere la destinazione seguente. Mentre stava seduta dietro di me, mi toccò gentilmente la spalla. Nell'istante in cui lo fece ebbi la sensazione che questo suo tocco fosse diverso dal solito: esprimeva apprensione, amore e altri sentimenti profondi. È sempre una cosa speciale essere toccati o guardati da Amma. Ogni suo tocco, ogni suo sguardo ci comunica, tutte le volte, qualcosa di diverso. Le sue mani parlavano, i suoi occhi parlavano, tutto il suo corpo mi parlava.

Durante il viaggio fui ricoverato all'ospedale di Mumbai. Dopo avermi fatto visita all'ospedale, Amma partì per il tour delle Mauritius e della Réunion. Rimasi allettato per quasi tre mesi. Fu un periodo molto difficile. Alla fine i medici mi raccomandarono di non suonare più l'armonium: sforzare eccessivamente il collo avrebbe potuto causare una ricaduta.

A quei tempi, suonare l'armonium e cantare *bhajan* per Amma era una parte della mia vita che mi dava tantissima gioia. Nella mia mente, cantare e suonare l'armonium erano inseparabili e mi si spezzava il cuore al pensiero di non poterlo più suonare. Poiché Amma si trovava già a Réunion, non potevo rivolgermi a lei per un parere.

Dopo essere stato dimesso dall'ospedale, andai a vivere presso una famiglia molto devota di Mumbai perché non potevo viaggiare a causa del mio collo, ancora molto fragile. Mi sentivo profondamente triste pensando che non sarei più

riuscito a suonare l'armonium. Non mi rimaneva
che piangere e pregare Amma invocando la sua
grazia e i suoi consigli.

Nella casa in cui ero ospite c'era una camera
speciale usata da Amma ogni volta che andava a
Mumbai e la famiglia l'aveva trasformata in una
sala di meditazione. Mi ci recai, mi sedetti accanto
al letto di Amma e tra le lacrime pregai Amma
con tutto il cuore. Mezz'ora dopo il capofamiglia
entrò nella sala, mi porse un telefono senza fili e
disse: "Amma sta chiamando dalla Réunion".

Riferii ad Amma le raccomandazioni del
medico e, dopo aver ascoltato le mie parole, lei
disse pacatamente: "Non preoccuparti figlio mio,
sarai di nuovo in grado di suonare l'armonium e
di cantare".

"Quando?", chiesi.

"Oggi", rispose.

Oggi! Ero sopraffatto dalla gioia.

"Oggi, quando, a che ora?" domandai.

Amma disse: "Questa sera, all'inizio dei *bhajan*
serali, proprio mentre Amma canta il primo
bhajan dedicato a Ganesha, mettiti a suonare
l'armonium e canta. Suona solo un *bhajan* per il
momento".

E questo fu proprio ciò che accadde…

Quando Amma iniziò a cantare i *bhajan* serali alla Réunion, io sedevo nella stessa stanza in cui lei aveva soggiornato a Mumbai e con gratitudine suonavo l'armonium e cantavo:

> *śrīpādamāhātmyam ārkkariyām... guru*
> *pādattin vaibhavam ārkkariyām*
> *śrīpādamāhātmyam ārkkariyām... guru*
> *pādattin vaibhavam ārkkariyām*

Chi conosce la magnificenza dei piedi di loto del Guru?

Chi conosce la magnificenza dei piedi del Guru?

8 | REGALO DI COMPLEANNO

Ci sono persone che sostengono che la guida di un Guru non sia necessaria per raggiungere la realizzazione ultima, il Sé. Potrebbe essere vero nel caso in cui il ricercatore possieda uno straordinario *samskara*, una ricchezza spirituale accumulata ed ereditata da vite precedenti. Persino questa rara anima potrebbe avere bisogno di qualcuno che lo spinga nello stato finale di completa emancipazione.

Amma dice: "Un ricercatore arriva a un certo stadio nella vita spirituale in cui, dopo aver fatto tutto il possibile e compiuto ogni sforzo, si trova in una situazione di stallo nella quale non può che aspettare che la realizzazione finale cominci a manifestarsi. Trovandosi su una soglia, l'aspirante non sa come procedere e attende, attende e attende ancora. Se non accade nulla, potrebbe sentirsi esasperato, perdere la pazienza, rinunciare allo scopo prefissato e ritornare nel mondo pensando: 'Non esiste ciò che chiamano realizzazione del Sé'. A quel punto, tutto ciò di cui il *sadhak* ha bisogno è una spinta da qualcuno, un maestro perfetto che ha percorso il sentiero ed è arrivato alla meta".

Affidarsi unicamente alle Scritture potrebbe confondere facilmente il ricercatore. I *rishi* devono aver trovato estremamente difficile comunicare con parole limitate l'esperienza dell'Infinito. Mentre tentavano di rivelare i misteri più profondi dell'universo, i saggi avranno senz'altro cercato con molta attenzione parole concise per trasmettere al mondo la propria esperienza. Ogni parola è un seme in grado di diventare un grande albero della conoscenza. Ogni parola è pregna della verità che è il sostrato della creazione.

Studiare le Scritture è come entrare in una densa foresta: un luogo affascinante, ma anche ingannevole. Perché? Perché la verità è profondamente avvolta dai veli del linguaggio poetico. I saggi erano creativi e sapienti e i loro scritti sono un florilegio letterario.

Sebbene la verità suprema sia una, le Scritture la descrivono e la interpretano in modo diverso. Vi sono migliaia di commenti e senza l'aiuto di un *Satguru* è difficilissimo cogliere e assorbire i significati nascosti, le varie implicazioni, le contraddizioni apparenti, le illogicità e le tortuosità degli aforismi dei testi sacri.

Nella *Bhagavad Gita* il Signore Krishna afferma:

> *tat viddhi praṇipātēna paripraśnēna sēvayā*
> *upadekṣyanti tē jñānam jñāninas tattva*
> *darśinaḥ*

> Sappi che, rendendo omaggio, servendo
> e ponendo costantemente domande ai
> saggi che hanno realizzato la Verità, essi ti
> istruiranno nella Conoscenza. (4.34)

Un *Satguru* ha una natura più femminile che maschile. Un maestro perfetto deve avere un'indole materna perché solo una madre ha le virtù della comprensione, della pazienza e dell'amore, indispensabili per la crescita del bambino. Mentre il cuore di una madre comune si espande solo per accogliere i propri figli, il cuore di un *Satguru* è vasto come l'universo. Stare alla presenza di un *Satguru*, servirlo e lasciarsi disciplinare, può essere paragonato a stare nel grembo materno. Permettetegli di riportarvi al vostro vero Sé. Così facendo, otterrete l'universo intero. Prima di riuscirci però dovrete lasciar andare molte cose.

Un giorno un uomo chiese a un aspirante spirituale: "Cos'hai guadagnato abbandonandoti a Dio?".

"Nulla", rispose, "ma lascia che ti dica cosa ho perso: la collera, l'ego, l'avidità, la depressione, l'insicurezza e la paura della morte. Talvolta la risposta alle nostre preghiere non si manifesta come un guadagno bensì come una perdita che, a ben vedere, è in realtà il guadagno".

Buddha disse: "Posso solo affermare di aver perso qualcosa: l'ego, la mente. Non ho acquisito nulla. Ora so che tutto ciò che ho c'è sempre stato. Era in ogni cosa, in ogni pietra, in ogni fiore e adesso ho capito che è sempre stato così. Prima di allora ero cieco, ma ora ho perso questa cecità; non ho raggiunto nulla, anzi, ho perso qualcosa".

I giornalisti chiedono ad Amma: "Lei è un avatar, un'incarnazione di Dio?".

Con molta naturalezza, Amma risponde dicendo: "Anche voi siete degli avatar. Ogni persona è divina. Tutto è pervaso da Dio. Questo è ciò che siamo".

Moksha (la liberazione, l'affrancamento completo dal corpo, dalla mente e dall'intelletto) non è un'esperienza individuale, sebbene possa sembrare così dalla nostra prospettiva. Per chi lo vive, lo stato supremo di realizzazione implica lo scomparire di tutte le imperfezioni che, in realtà, sono solo esteriori. Ciò significa che il mondo intero consegue la perfezione. La realizzazione spirituale ultima viene comunemente intesa come l'esperienza soggettiva di un determinato individuo. Ciò nonostante, per costui, il suo risveglio coinvolge l'intera creazione perché, da quel momento in poi, vede ogni cosa permeata dalla pura coscienza. Una volta stabilito in questo stato di coscienza, il sole sorge e non tramonta mai. Un *Satguru* può elargire questa conoscenza al discepolo se quest'ultimo ha una fede innocente in lui.

Ecco una bellissima storia che riguarda Totakacharya, uno dei principali discepoli di Adi Shankaracharya, l'esponente dell'*Advaita Vedanta*.

Sri Shankara aveva quattro discepoli principali: Padmapada, Hasthamalaka, Sureswara e Totaka. Di questi quattro, Totaka era considerato l'ignorante e l'ottuso. Tuttavia costui nutriva un'evidente e sincera devozione per il Guru e, in un modo o nell'altro, era sempre impegnato a servirlo in qualche modo (*Guru seva*). Un giorno,

Adi Shankara stava per iniziare una lezione sulle Scritture, ma Totaka non era ancora in classe, essendo occupato a lavare le vesti del Guru, uno dei suoi compiti principali. Mentre aspettavano il suo arrivo, Padmapada, lo studente più brillante, fece questo commento: "Ad ogni modo Totaka non capisce nulla dei principi sottili contenuti in questi versi. Perché aspettarlo?". Sri Shankara rispose: "Non hai idea di quanta fede abbia nel Guru".

Volendo rimuovere l'infondato orgoglio di Padmapada e dimostrare come la *Guru bhakti* possa conferire al discepolo la pura saggezza anche se non si ha una perfetta conoscenza delle Scritture, si racconta che Sri Shankara volse lo sguardo dove Totaka stava lavando le vesti e riversò su di lui la sua grazia. Il discepolo ottenne l'illuminazione e in lui sorse la Conoscenza. In quel preciso istante sentì che il maestro lo stava chiamando ed entrò in classe recitando il *Totakāshtakam*, il celebre inno di lode al Guru in otto versi che inizia così:

Viditākhilaśāstrasudhājaladhē
mahitōpaniṣat kathitārthanidhē
hṛdayē kalayē vimalam caranam
bhava śankara dēśika mē śaraṇam

Conoscitore dell'intero oceano di latte delle Scritture! Espositore dei temi trattati dal prezioso gioiello delle *Upanisad*! Nel mio cuore medito sui Tuoi piedi senza peccato. Che Tu possa essere il mio rifugio o Maestro, Shankara!

Permettetemi di condividere un fatto avvenuto il 10 ottobre 2006 al Crystal Palace, nel centro di Londra, verso mezzogiorno.

Qualche giorno prima, il mio computer portatile aveva smesso di funzionare e così quel mattino uscii col dott. Vagis, un devoto londinese, per comprarne uno nuovo. Ci recammo in un enorme centro commerciale che si estendeva a perdita d'occhio e dove si poteva letteralmente trovare qualsiasi cosa. Iniziammo la nostra perlustrazione, mentre i miei occhi stavano cercando anche qualcos'altro: un regalo per Amma.

Il 10 ottobre 2006 era infatti *Kartika*, il giorno sacro in cui *Kartika*, la stella natale di Amma, appare nel cielo (secondo il calendario gregoriano il suo compleanno cade il 27 settembre). Desideravo offrire qualcosa ad Amma in quel giorno di buon auspicio.

Il mio sguardo, che vagava qua e là alla ricerca di un regalo adatto, cadde improvvisamente su una serie di collane. Una in particolare mi colpì. Era un girocollo, di colore arancio, fatto di fili di perline intrecciati. "Se solo potessi averlo", sussurrò la mia mente. E se fosse costato troppo? Amma non approva assolutamente che ci si aspetti che i devoti paghino un nostro acquisto. Distolsi la mia attenzione dai computer per rivolgerla al collier. Mi diressi verso la vetrina che lo esponeva e guardai con discrezione il prezzo: dieci sterline (circa dodici euro). Vedendo il mio comportamento, il dott. Vagis chiese: "Cosa succede Swamiji? Cosa sta guardando?".

Senza esitare rivelai al caro dottore il desiderio del mio cuore e, quando venne a sapere che la collana era per Amma, la sua gioia non conobbe limiti. Comprammo il collier invece del computer. "Va bene così", pensai. Era necessario arrivare al Crystal Palace prima della fine del darshan. Giungemmo alle 13.30 circa e mi recai subito da Amma. Quando le mostrai il girocollo, lei mi guardò e chiese: "Che cos'è?".

"Oggi è *Kartika*, il compleanno di Amma". Pronunciando queste parole, misi la collana attorno al suo collo e mi prostrai. Quando mi alzai, mi diede affettuosamente una caramella.

Con molta naturalezza, aggiunse: "Non ho nessun compleanno". La sua osservazione non era un'affermazione casuale, tuttavia solo lei era in grado di cogliere il vero senso, l'essenza racchiusa nelle parole appena pronunciate. Intendeva davvero ciò che aveva detto.

"Di quanti fili è composta?", mi domandò guardandola. Si mise a contarli e disse che erano dieci. Durante il darshan si tolse la collana e separò ogni filo, ponendone uno intorno al suo collo e un altro intorno al mio. "Uno per Amma ed uno per mio figlio", esclamò con un dolce sorriso. Il mio cuore era appagato.

Mentre le stavo accanto, a un certo punto le dissi: "Il 23 aprile compirò cinquant'anni, sarà il mio 'Amritavarsham 50' (nome dato ai festeggiamenti in occasione del 50emo compleanno di Amma)". Quando udì queste parole, si voltò a guardarmi: in quegli occhi vidi un vasto oceano di amore e compassione. Guardando intensamente il mio volto, mi chiese: "Figlio, quale desiderio vorresti esaudito da Amma?".

Ero sbalordito. Ammutolito. Era come se il Guru supremo, pronto a concedere qualsiasi cosa, stesse chiedendo: "Figlio, cosa ti piacerebbe? Ti offro qualunque cosa". Lo stupore rese silenziosa la mia mente.

"Chiedi *bhakti* (devozione), *mukti* (liberazione) o *bhukti* (benessere materiale). Amma te la concederà". Questo era il significato delle parole e dello sguardo di Amma. In quei momenti percepivo in modo tangibile l'immensa grazia che fluiva da quel cuore materno. Le sue parole erano talmente piene di significato ed esprimevano immenso potere ed autorità.

La dott.sa Ghita Kumar, che aiutava a gestire il flusso dei devoti che stavano per ricevere il darshan, suggerì: "Swamiji, chieda *moksha*!". Le sue parole mi risvegliarono dalle mie fantasticherie. Parlando lentamente, risposi: "Se ottengo *moksha*, Amma ed io diventeremo una cosa sola e quindi non potrò più rimanere come un fanciullo in sua presenza, viaggiare o cantare con lei o stare tra le sue braccia. Per ora quindi non voglio *moksha*. Ogni volta che Amma assume un corpo umano e viene sulla Terra, preferisco essere un figlio, un servitore, un pio devoto, un discepolo, l'ombra che sempre l'accompagna. Per adesso mi basta che Amma esaudisca questo desiderio".

Mentre stavo lì, contento di essere riuscito ad offrire questa sincera preghiera ai suoi sacri piedi, rammentai l'affermazione di Sri Krishna, il Signore della *Bhagavad Gita*.

> *āścaryavatpaśyati kaścidēna-*
> *māścaryavadvadati tathaiva cānyaḥ*
> *āścaryavaccainamanyaḥ śṛṇōti*
> *śrutvāpyēnam vēda na caiva kaścit*

> Alcuni vedono il Sé come una meraviglia,
> altri lo descrivono come una meraviglia,
> altri ancora ne sentono parlare come di
> una meraviglia ma anche avendone sentito
> parlare, nessuno lo conosce! (2,29)

Permettetemi di chiarire eventuali dubbi che potrebbero sorgere nella mente dei lettori. Sarebbe naturale se pensaste: "Un regalo per Amma? Perché? Amma lo ha chiesto? No. Assolutamente no". Amma non chiede mai nulla. Essendo l'Imperatrice dell'universo perché dovrebbe chiedere? Possiede l'intero universo.

Swami Rama Tirtha è uno dei più grandi santi dell'India. Nacque nel 1873 e lasciò il corpo nel

1906, alla giovane età di trentatré anni. Swami Rama generalmente si riferiva a se stesso come "Bādusha Rama", ovvero Imperatore Rama, sebbene non possedesse nulla. Andò in America e visse a San Francisco per un anno e mezzo. Anche lì chiamava se stesso "Imperatore Rama". Le persone gli dicevano: "Tu non sei un re, non possiedi un regno, eppure ti dichiari 'Imperatore'!". "Ecco perché sono l'Imperatore", rispondeva, "Non sono nulla, quindi sono tutto. Non ho desideri, perciò sono l'Imperatore. Un imperatore pieno di desideri non è che un mendicante con desideri irrealizzati. Io sono sempre appagato. Questo è ciò che mi rende un imperatore, l'intero universo mi appartiene".

Ecco alcune sue parole:

> "Sono risoluto a urlare nel tuo petto con il fragore del tuono la mia Divinità, la tua Divinità, e a proclamarla in ogni azione e in ogni gesto. Sono l'Imperatore Rama il cui trono è il tuo cuore. Quando enunciai i *Veda*, quando insegnai a Kurukshetra, a Gerusalemme e alla Mecca, fui frainteso. Levo di nuovo la mia voce. La mia voce è la tua voce: 'Tu sei Quello'. Tu sei tutto ciò

che vedi. Nessuna forza lo può impedire; nessun re, demone o dio può resistergli. L'ordine della Verità è imprescindibile. La mia testa è la tua testa. Tagliala, se vuoi, ma altre migliaia cresceranno al suo posto. Ciò che respira nel tuo petto, vede attraverso i tuoi occhi, batte nel tuo polso, sorride nei fiori, ride nel lampo, gorgoglia nei fiumi ed è silenzioso sulle montagne è Rama".

Nella *Bhagavad Gita*, Sri Krishna dice ad Arjuna:

yad vibhūtimat sattvam
śrīmad ūrjitam eva vā
tat tad evāvagaccha tvam mama
tejōm'śasambhavam

Sappi che ogni essere
glorioso, buono, prospero o potente
nasce da un frammento del Mio Splendore.
(10.41)

Per tutto il capitolo dieci della *Gita*, Sri Krishna elenca numerose meraviglie della creazione come manifestazione della Sua gloria; tutto quanto – gli esseri umani, i saggi, gli esseri celesti, ciò che c'è di più potente, di più bello, di più incantevole nella sfera materiale e spirituale, ciò che eccelle in ogni ambito della vita – fa parte dell'infinito.

Quando coloro che hanno realizzato il Sé parlano in prima persona, il pronome "Io" non si riferisce a un individuo che si è identificato con il corpo e con la mente limitati, ma indica il potere cosmico, la coscienza sconfinata, non limitata dallo spazio e dal tempo. In questo senso, quando siete tutt'uno con il vostro essere interiore, siete tutt'uno con l'universo.

Ecco perché lo *Sri Lalita Sahasranama* descrive Devi come *"Sri Mata, Sri Maharajni, Srimat-simhasaneswari"*, ovvero la Madre dell'universo, l'Imperatrice dell'universo.

Ogni cosa che vediamo appartiene al vasto impero di un *Satguru*, che è tutt'uno con la totalità. Offrire qualunque cosa, anche quella più costosa, a un maestro che ha realizzato il Sé è come regalare a Bill Gates un computer portatile. C'è però un altro aspetto da considerare: la vita del discepolo e tutte le sue azioni sono un'offerta al Guru. Una mente comune non riesce a concepire la relazione Guru-discepolo che ad alcuni potrebbe sembrare, per molti versi, irrazionale e molto strana. In realtà non si tratta di un legame comune. È il culmine dell'amore. In un tale rapporto, il Guru diventa letteralmente tutto per il discepolo: madre, padre, parente, Guru e Dio, e l'atteggiamento del discepolo è quello di un figlio.

Con il cuore colmo di devozione, amore e fede, il discepolo può a volte adorare il Guru, cantare con gli occhi pieni di lacrime le lodi al suo maestro e danzare abbandonandosi. Altre volte, lo servirà umilmente, come farebbe una persona di fiducia con il suo superiore. Potrebbe anche accadere che metta a nudo il proprio cuore davanti a lui, come farebbe con un amico carissimo, oppure che, come un bambino, chiacchieri e faccia i capricci davanti al suo Guru.

Ascoltate attentamente le parole di Hanuman, il famoso devoto del Signore Rama:

dehabuddhyā tu dāso'smi jīvabuddhyā tvadamśakaḥ
ātmabuddhyā tvamevāham iti me niścitā matiḥ

O Signore, quando m'identifico con il corpo, sono il Tuo servo. Quando m'identifico con il *jiva*, sono parte di Te. Quando m'identifico con il Sé nella sua

totalità, non sono, invero, nient'altro che
Te. Questa è la mia ferma convinzione.

La verità su cui si basa la molteplicità del mondo
è una, è l'unità. In altre parole, la molteplicità è
l'unità manifestata in diverse forme. Quando si
realizza la Verità, si comprende che non c'è nulla
che non sia pervaso dalla Coscienza. *'Ekam sat
vipra bahudha vadanti'* (la Verità è una; il saggio
la conosce nei suoi vari nomi); *'sarvamidam aham
ca brahmaiva'* (ogni cosa, me compreso, non è
altro che *Brahman*, la Realtà suprema). In quel
supremo piano di coscienza, tutte le divisioni e le
differenze scompaiono, ci si fonde con la totalità
dell'esistenza e si fa l'esperienza di essere *"Aham
Brahmasmi"*, ovvero "io sono *Brahman*".

Con infinita saggezza, Amma guida ogni mio
passo lungo la via. Non ho dubbi che un giorno
m'immergerò in questa unità. Quella realizzazione
porrà fine a tutte le attrazioni e le avversioni. Che
avvenga pure, anche se elevo con tutto il cuore
questa preghiera: "Amma, anche dopo aver fatto
questa esperienza, che io possa rimanere sempre
tuo figlio. Che tu sia sempre mia madre".

Lungo il mio viaggio spirituale, Amma mi ha
sempre tenuto stretto la mano. Come afferma: "È

più sicuro che sia la madre a tenere stretta la mano del figlio. Viceversa, il bambino potrebbe scappare lasciando la presa". Io mi sento ancora un bebè che muove i primi passi sul cammino.

Noi siamo sempre alla mercé dell'universo. Pensiamo che i nostri sogni e le nostre scelte siano il meglio per noi, ma ciò che pensiamo potrebbe non essere corretto. Chi sa cosa ci aspetta, cosa ci riserva il vasto universo? Affinché la nostra vita sia fruttuosa, abbiamo bisogno del sostegno completo e della benevolenza di tutta l'esistenza che, tuttavia, riverserà le sue benedizioni quando agiremo in sintonia con la sua legge inalterabile, il *dharma*.

Poiché non siamo capaci di concepire nulla privo di un nome e di una forma specifici, possiamo pregare, meditare e abbandonarci al *Satguru*, che è uno con il tutto, invocando la sua grazia e la sua guida. Alla presenza di un *Satguru*, ricettacolo di compassione e di poteri infiniti, lo schiudersi del nostro Sé acquisirà una nuova dimensione, una bellezza e un fascino che vanno oltre le parole; sarà così naturale e spontaneo!

Vorrei raccontarvi una bella storia e una poesia.

Un giorno un giovane monaco passeggiava in giardino con un monaco più anziano e più maturo. Sentendosi un po' insicuro su quanto Dio avesse in serbo per lui, lo interrogò. L'anziano si avvicinò a un cespuglio di rose, diede un bocciolo al giovane e gli disse di aprirlo senza strappare nessun petalo. Il giovane monaco lo guardò incredulo cercando di capire il rapporto tra questo bocciolo e la domanda che aveva posto.

Poiché aveva un grande rispetto per l'anziano, cercò di aprire il bocciolo di rosa cercando di non danneggiare nessun petalo, ma comprese quasi subito che sarebbe stato impossibile. Notando che il giovane monaco non era in grado di schiuderlo senza rovinare i petali, il vecchio monaco prese a recitare questa poesia:

Schiudere il bocciolo di rosa

È solo un minuscolo bocciolo di rosa,
un fiore del disegno di Dio,
ma non riesco ad aprire i petali
con queste mani goffe.

Il segreto per aprire i fiori
non è noto a uno come me.

Dio apre questo fiore così dolcemente
mentre nelle mie mani appassisce e muore.

Se non riesco ad aprire un bocciolo di rosa,
questo fiore del disegno di Dio,
come posso pensare di avere la saggezza
che fa sbocciare questa mia vita?

Così confido in Lui affinché mi guidi
ad ogni istante, giorno dopo giorno.
Mi volgerò a Dio affinché diriga
ogni passo di questo cammino
benedetto dalla grazia.

Il sentiero che ho davanti
è noto solo a Dio.
Confiderò in Lui
affinché dischiuda i vari momenti,
come Dio dischiude la rosa.

Amma aiuta tutti noi a dischiuderci ai misteri della
vita mentre cresciamo sotto la sua guida divina.
Lasciamo a lei questo compito. Qualunque cosa
accada, vorrei rimanere sempre bambino davanti
ad Amma, trascorrendo la mia vita ai suoi sacri
piedi, servo alla sua divina presenza. Pertanto,
anche se Amma, la Madre dell'universo, non ha

bisogno di nulla, questo figlio, questo servitore
che desidera ardentemente eseguire i suoi ordini,
voleva farle un regalo di compleanno, anche se
apparentemente semplice e frivolo.

9 | UNA CATALIZZATRICE INCOMPARABILE

Esistono gli scettici e i cinici. Messo di fronte a solide prove, uno scettico può, alla fine, credere. C'è la possibilità che accetti la verità, a differenza del cinico che ha una struttura mentale rigida. Il famoso e sagace comico americano Groucho Marx fece questo commento scherzoso: "Di qualsiasi cosa si tratti, io sono contrario". Così si comporta la maggior parte dei cinici nel mondo.

Mi vengono in mente le parole dell'eminente astrofisico, cosmologo e astronomo Carl Sagan:

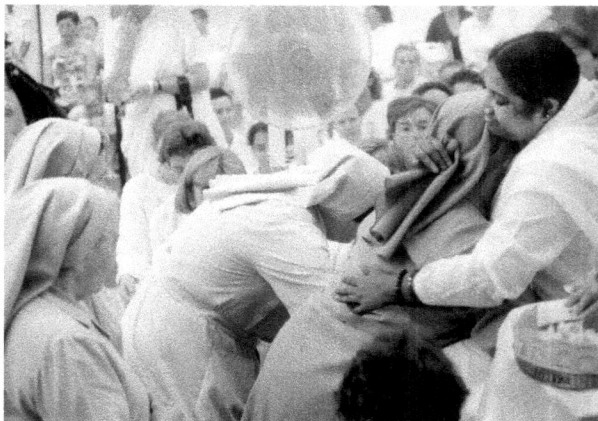

"Una delle lezioni più tristi della storia è questa: se siamo stati ingannati abbastanza a lungo, tendiamo a rifiutare tutte le prove dei raggiri subiti. Non siamo più interessati a scoprire la verità. L'inganno ci ha fatto prigionieri e ci è troppo doloroso ammetterlo, perfino con noi stessi…".

Lo scetticismo può essere classificato come scetticismo positivo e scetticismo negativo. Sarebbe molto utile per la società e per gli individui se lo scetticismo e la positività (l'apertura) andassero di pari passo. Ho sentito questo detto: "Un grande scetticismo porta a una grande comprensione. Un moderato scetticismo porta a una modesta comprensione. L'assenza di scetticismo conduce a una mancanza di comprensione". In sostanza, lo scetticismo è prezioso se gli scettici accettano e riconoscono la verità quando ce l'hanno di fronte.

La spiritualità è solitamente considerata una scienza soggettiva. Questo è vero anche per numerose invenzioni della scienza moderna. Gli scienziati hanno difficoltà a spiegare alcuni principi sottili dell'universo ed elaborano equazioni matematiche perché le parole sono incapaci di esprimerne i concetti.

Direi che Amma rende la spiritualità sia soggettiva che oggettiva. Per motivi e convinzioni personali, gli scettici e i cinici potrebbero negare l'esperienza spirituale suprema in cui dimorano i grandi maestri del calibro di Amma. Lasciando stare l'esperienza spirituale soggettiva sulla quale potremmo discutere, nessuna persona ragionevole può negare come Amma, rimanendo seduta per ore ed ore, riceva ad uno ad uno chi si reca da lei. E questo fenomeno si ripete sette giorni alla settimana, 365 giorno l'anno, a prescindere dal luogo e dall'ora.

Devo aggiungere che svolge tale compito con indiscutibile affetto, allegria, senza mai lamentarsi, prestando pazientemente ascolto ai dolori delle persone e riversando indistintamente su di loro amore e compassione. Questa è stata la sua vita durante gli ultimi quarantacinque anni. Così, quando la gente chiede con scetticismo: "Cosa c'è di così grande in Amma?", posso solo rispondere: "Venite e guardatela dare il darshan". Se siete alla ricerca della realtà, che è lo scopo di uno scetticismo genuino, troverete una risposta alla vostra domanda.

Amma ha una capacità straordinaria, una capacità interiore infinita, di attrarre, ispirare e far emergere il meglio dalle persone. Per lei, non solo pochi, ma ogni essere umano è un seme che può germogliare e diventare un giorno un albero, una promessa per il mondo, capace di portare il suo contributo alla società. Vede il mondo e i suoi abitanti liberi dall'influenza di un ego egoista. Pertanto incoraggia sempre le persone a sviluppare il loro potenziale, in campo spirituale e materiale. Sotto la sua guida, la gente impara a gestire se stessa e anche le circostanze esterne.

Ho avuto la grande fortuna di viaggiare con lei in tutto il mondo per più di trentadue anni e ho personalmente visto cambiamenti enormi nell'atteggiamento di coloro che sono stati ispirati dalle parole e dalle azioni di Amma. È confortante vedere i bambini, che di solito pensano solo a se stessi, andare da lei con il loro salvadanaio a forma di maialino perché vogliono aiutare altri bambini che non hanno denaro. Non si tratta solo di un aiuto economico o materiale alle istituzioni caritatevoli, ma di migliaia di persone che hanno rinunciato alle proprie abitudini negative. Le piccole azioni o i piccoli gesti di gentilezza che Amma ispira hanno una capacità di trasformazione grandissima e incidono sulla vita di tanta gente.

Vorrei condividere un fatto raccontato da *brahmacharini* Priya, che offre il proprio servizio come gastroenterologa nell'ospedale di Amma a Kochi. Qualche anno fa, un suo paziente alcolista aveva sviluppato un cancro al dotto biliare. L'uomo viveva a quattro ore di distanza dall'ospedale ed era arrivato all'ospedale itterico e con una grave prurito su tutto il corpo. Essendo alcolizzato, la maggior parte della sua famiglia l'aveva abbandonato. L'uomo viveva da solo e faceva il pescatore. Priya dice che l'atteggiamento abituale delle persone verso questi tipi di pazienti è: "Beh... peggio per loro. Sono stati alcolizzati per così tanti anni. Gli era stato detto che l'alcol avrebbe distrutto il loro fegato ed ora devono sperimentare i risultati delle loro azioni". Anche se forse desiderate provare compassione per queste persone, la vostra mente fa affiorare il pensiero "Se la sono cercata".

Quando gli comunicarono di avere un cancro ad uno stadio avanzato, l'uomo reagì con rabbia: inveì contro le infermiere, i medici e praticamente contro chiunque gli si avvicinasse. Era uno di quei pazienti "impossibili". Non essendoci nessuna cura per il suo cancro, gli consigliarono un trattamento sintomatico in grado di risolvere il problema dell'ittero e del prurito. Si trattava di una terapia costosa e, poiché costui era un pescatore e non poteva permettersi di affrontarne il costo, l'ospedale lo curò gratuitamente. Al termine del trattamento, il paziente si sentì meglio e fu dimesso dopo qualche giorno. La dott.sa Priya gli chiese di ritornare dopo un mese per verificare se la cura fosse ancora efficace, ma l'uomo non si presentò.

"Mi accorsi", raccontò Priya, "che il paziente non era ritornato per il controllo e lo feci notare al mio superiore che però disse: 'Probabilmente sarà a casa, ubriaco. Se avrà un problema, verrà. Non preoccuparti per lui. E poi, se lo contatti, ti urlerà dietro'".

Sebbene la dottoressa pensasse che il professore aveva ragione, le parole di Amma balenarono nella sua mente: "Non giudicare come si comporta una persona. Potrebbe aver sofferto in modi che non puoi comprendere. Non si dovrebbero mai porre condizioni alla compassione". Priya decise così di chiamare l'uomo e compose il numero riportato nella cartella clinica. Qualcuno rispose e disse: "Pronto?". Quando Priya chiese dell'uomo, la persona dall'altro capo del filo rispose: "Non facciamo nessun servizio di consegna". "Ero confusa", continuò Priya, "e ripetei la mia domanda. Infastidito, l'uomo rispose: 'Nessun Soman lavora qui'". Quando il medico domandò a chi corrispondesse quel numero, l'uomo disse: "Mallan's Chayakkada": il nome di un negozietto di tè lungo la strada, vicino alla casa del paziente.

Alla fine Priya riuscì a parlare con il paziente e gli chiese come stesse. Ci fu un lungo silenzio prima che l'uomo rispondesse con voce tremante: "Ha veramente chiamato me? In tutta la mia vita, nessuno mi ha mai chiamato. Come ha fatto a ricordarsi di me?". Era talmente strabiliato che lo si poteva sentire singhiozzare al telefono. Non riusciva a credere che qualcuno si preoccupasse per lui.

Qualche giorno dopo, mentre Priya stava compiendo il giro visita nel suo reparto, arrivò una telefonata concitata dall'ambulatorio di gastroenterologia: "Dottoressa Priya, corra! Presto! C'è una persona con del pesce per lei!". Pensando che la stessero prendendo in giro, riattaccò il telefono. Dopo dieci minuti la richiamarono: "Per cortesia, venga subito. Quest'uomo con il pesce sta seminando scompiglio in ambulatorio". Priya scese di corsa, incuriosita più che mai. Quando arrivò, il suo paziente era lì, in ciabatte, nel mezzo dell'ambulatorio, con un secchio di pesci che sguazzavano nell'acqua. La dottoressa era molto confusa. Così descrisse quanto accadde: "Mi venne incontro di corsa, mi mise il secchio in mano e disse: 'Non riesco ancora a credere che lei si sia preoccupata di me al punto da chiamarmi! Dovevo darle qualcosa in cambio. La cosa migliore che sono riuscito a trovare sono questi pesci freschi. Li ho pescati io stesso. Guardi! Glieli ho portati nell'acqua per fare in modo che si mantenessero freschi il più possibile. La prego li prenda'". Priya disse: "Gli occhi dell'uomo che mi guardava mentre tenevo il secchio, erano colmi di lacrime. Non aveva nemmeno i soldi per delle ciabatte decenti, ma aveva camminato per quattro ore, fermandosi di tanto in tanto per cambiare l'acqua, solo per farmi un regalo! Io non mangio neppure il pesce, ma accettai comunque il regalo".

Pensate a quanto le nostre azioni influiscono sugli altri... L'azione apparentemente insignificante di una telefonata fece una grande differenza nella vita di quell'uomo. Costui morì due mesi dopo, ma il proprietario del negozio di tè chiamò Priya solo per dirle che il pescatore aveva continuato a raccontare a tutti di quella telefonata speciale fino al giorno della sua morte.

Questo è solo un esempio ma, consciamente o inconsciamente, i piccoli atti di compassione, umiltà, pazienza, coraggio e perseveranza che Amma ispira in milioni di persone si propagano poi lentamente in milioni di altri. Questa è l'incredibile capacità di trasformazione di un vero maestro come Amma.

Alcuni pensano che la scienza antica della spiritualità sia una negazione della vita, mentre invece afferma la vita. Gli antichi santi e i saggi davano valore e accoglievano in modo eguale la ricchezza esteriore e quella interiore. Questa è la via che segue Amma, che crea un bellissimo connubio tra scienza e spiritualità, materia e spirito. Per lei, il mondo e Dio non sono due, ma una cosa sola. Amma dice: "Così come il sole non ha bisogno della luce di una candela, Dio non ha bisogno di nulla da noi. Dio è Colui che dona la luce. Intorno a noi ci sono tantissime persone che soffrono. Consoliamole, diamo loro l'aiuto di cui hanno bisogno. Questo è amare realmente Dio. Questa è vera spiritualità".

Non lontano dal nostro ashram di Chicago, nell'Illinois (Stati Uniti), c'è una scuola che si prende cura dei bambini di una comunità bisognosa. Le famiglie dei 900 bambini che frequentano la scuola sono sulla soglia della povertà o addirittura al di sotto di essa. La maggior parte degli scolari non ha a disposizione il servizio autobus e deve recarsi a scuola a piedi, anche se d'inverno le temperature possono addirittura arrivare a 29° sotto zero. Quando la scuola si rivolse al nostro ashram chiedendo aiuto, Amma rispose con una soluzione originale.

Qui in India, le donne dell'Uttarakhand si stanno ancora riprendendo dalle alluvioni del 2013. Molte di loro sono diventate vedove durante l'alluvione e il lavoro a maglia insegnato loro dai volontari di Amma, all'interno di un programma di aiuto per le calamità a cura del Mata Amritanandamayi Math, è la loro unica fonte di guadagno. Prima che imparassero a lavorare ai ferri, il suicidio e la depressione erano molto diffusi tra i sopravvissuti alle inondazioni.

Adesso, sotto la guida di Amma, più di sessanta donne sono state impiegate nella realizzazione di cappellini in maglia per tenere al caldo i bambini bisognosi di Chicago. In questa storia non ci sono vinti ma solo vincitori. Quei bambini hanno ricevuto abiti caldi e sono entrati in contatto con un mondo vasto, più di quello che avrebbero mai immaginato. Adesso le donne dell'Uttarakhand hanno un introito, sono orgogliose del proprio lavoro e si sentono soddisfatte nel sapere che la loro attività fa la differenza per chi è nel bisogno. Forse i veri vincitori sono però i volontari, quelli che sono stati ispirati da Amma a dedicare altruisticamente un po' del proprio tempo, perché aiutare le persone di questa storia ha trasformato anche loro: la straordinaria gioia di servire guidati da Amma ha aperto maggiormente la loro mente e il loro cuore.

Subito dopo il terremoto catastrofico di magnitudo 7 che colpì Haiti nel gennaio del 2010, un gruppo di devoti di Amma guidato da *brahmachari* Dayamrita si recò dagli Stati Uniti ad Haiti allo scopo di fare il punto della situazione, capire cosa fosse necessario e quale aiuto avrebbe potuto portare Embracing the World. Il gruppo arrivò all'indomani del terremoto con un volo privato, l'unico disponibile per raggiungere l'isola poiché i voli commerciali non erano autorizzati ad atterrare ad Haiti, e si unì a gruppi di chirurghi e altri professionisti sanitari provenienti dalla Florida, giunti per compiere interventi chirurgici. Poiché i sopravvissuti erano disorientati, vivevano un momento di grande dolore e parecchi haitiani non sapevano cosa fosse accaduto ai propri cari, i volontari trascorsero la maggior parte del tempo portando conforto alla gente, nonostante la barriera linguistica. In silenzio, abbracciarono le persone, si sedettero con loro e piansero con loro.

Naturalmente si intervenne anche in altro modo: nonostante il caos totale che regnava nel Paese, in qualche modo si trovarono confezioni di riso e fagioli da distribuire agli abitanti che non avevano nulla da mangiare.

Il terremoto causò centinaia di migliaia di morti. Per i sopravvissuti, la vita divenne una sfida di proporzioni gigantesche. Quando fu chiaro che la maggior parte delle case vicine all'epicentro densamente abitato erano ridotte a cumuli di macerie, la gente dovette andare a vivere nei parchi del centro di Port-au-Prince, la capitale. Inutile dire che con l'arrivo imminente delle piogge non ci sarebbe stato modo di proteggersi dagli elementi. Embracing the World riuscì a concordare con un'azienda della Florida la spedizione via mare di un carico di tele incerate, che fecero una grande differenza per migliaia di famiglie senzatetto.

Qualche settimana dopo il terremoto, in occasione di un viaggio successivo ad Haiti, fu chiaro che i bambini in età scolare (molti dei quali erano diventati orfani) non avrebbero mai potuto far fronte al costo della retta scolastica. Furono individuati trenta bambini che avevano perso uno o entrambi i genitori nel sisma e Amma offrì di sostenere le spese per la loro istruzione fino al termine delle superiori, a prescindere dall'età o dalla classe frequentata, così che potessero continuare ad andare a scuola. Adesso molti di questi studenti sono all'ultimo anno delle superiori e con gratitudine non vedono l'ora di poter svolgere la professione di medici o di insegnanti.

Il paragrafo seguente fa luce sulla visione che Amma ha dell'educazione: "La situazione attuale del sistema educativo è tale da rendere necessario specificare che la scuola mira a fornire una 'educazione basata sui valori'. Questa affermazione

implica che i valori non siano parte integrante
dell'educazione stessa. In effetti si dovrebbe
considerare ridondante l'espressione 'educazione
basata sui valori' perché una vera educazione
promuove una filosofia educativa imperniata
su uno sviluppo culturale, sociale, morale e
spirituale, che permetta agli studenti di sviluppare
un proprio orientamento a livello etico-morale
che mostri ciò che è giusto e ciò che non lo è.
Purtroppo oggigiorno i valori e l'educazione sono
stati dicotomizzati. L'elemento che tiene unita
la vita, l'individuo, la società e la natura non è
presente nel sistema educativo odierno. L'elemento
mancante è la spiritualità, i valori spirituali".

La bellezza della vita e l'esperienza della felicità
non dipendono dal possedere un numero sempre
maggiore di cose. Le qualità che fate vostre sono
più importanti. Sia che siate un padre di famiglia,
il capo di un'organizzazione o il leader di una
nazione, se siete premurosi, se avete un approccio
umile e la tendenza a sacrificare i vostri interessi
personali ed agire a favore degli altri, allora verrete
ricordati, adorati e amati come qualcuno che non
può essere assolutamente sostituito. Il vostro nome

e le vostre azioni rimarranno sempre come una luce guida per l'umanità.

La spiritualità di Amma non è separata dal mondo, ma lo abbraccia completamente. Amma vede la spiritualità non disgiunta dalla vita bensì come parte integrante della nostra esistenza quotidiana. Per lei, la vita è allo stesso tempo logica e misteriosa, forse più misteriosa che logica. Amma crea un connubio bellissimo tra questi due aspetti dell'esistenza. Catalizzatrice perfetta e incomparabile, trasforma ogni vita che tocca.

10 | LA FORZA IRRESISTIBILE DELL'ALTRUISMO

"L'ateismo è impossibile", affermano studi recenti. I ricercatori dicono che persino gli atei che proclamano "Dio non esiste!" credono in una forza grandiosa senza inizio né fine. Tuttavia, coloro che si dichiarano atei nascondono abilmente la loro fede.

Alcuni scienziati sostengono che "Per nascita gli esseri umani sono credenti, non atei. La fede in Dio è parte intrinseca della costituzione genetica e della natura di un individuo. Non si può eliminare. L'ateismo è quindi psicologicamente impossibile".

Nei tempi antichi, come ai nostri giorni, la maggioranza degli scienziati credeva in qualche potere supremo. Quelli che si sono impegnati a dimostrare che tale potere non esiste, si considerano forse più sapienti ed esperti di chi ne ha provato l'esistenza per esperienza diretta. Considerando i limiti dell'intelletto umano, in grado di operare solo all'interno dei confini spazio-temporali, come possono dimostrare l'assenza di un potere che trascende tali limiti?

Gli scienziati cercano di delimitare l'universo nello spazio e nel tempo, circoscrivendolo all'interno delle loro leggi "scientifiche". Al tempo stesso, dovremmo ricordare la teoria del cunicolo spazio-temporale come spiegata dall'eminente scienziato Albert Einstein. Questa teoria ipotizza che un eventuale passaggio attraverso lo spazio-tempo potrebbe creare scorciatoie per un lungo viaggio da un estremità all'altra dell'universo. Secondo questa teoria, il piano spazio-temporale si curva sotto l'effetto dei campi (ad esempio il campo gravitazionale). In tal modo, per viaggiare velocemente da un punto nello spazio-tempo a un altro, si dovrebbe solo curvare lo spazio e il tempo! Il mondo scientifico non ha completamente escluso la plausibilità di questa teoria.

Vorrei condividere con voi un fatto interessante che accadde nel 1987, all'inizio del nostro pre-tour attraverso gli Stati Uniti, mentre preparavamo la visita di Amma. Ero in viaggio da due settimane e Amma mi mancava terribilmente. In quel momento ci trovavamo sul Monte Shasta, in California. Il mio cuore desiderava ardentemente sentire la voce di Amma. A quel tempo, era difficile effettuare una chiamata internazionale e collegarsi con un villaggio remoto dell'India e l'ashram aveva solo una linea fissa. Attraverso un operatore statunitense cercai di chiamare Paryakadavu/Vallikkavu, distretto di Quilon, Kerala, perché il telefono che stavo usando non era abilitato alle chiamate dirette. L'operatore non aveva idea di dove si trovasse Vallikkavu o il distretto di Quilon, tuttavia, si rese disponibile per fare un tentativo. Rimasi in attesa fin oltre mezzanotte e alla fine andai a letto con il cuore pesante poiché sembrava proprio che non fosse possibile collegarsi. Non so che ora fosse, né ricordo se fossi sveglio, addormentato o se stessi sognando... all'improvviso il *tipi* (la tenda conica degli indiani d'America) in cui eravamo fu pervaso da una piacevole e benefica luce brillante. Percepivo una fragranza soprannaturale. Mentre guardavo meravigliato la scena, Amma entrò sorridente nella tenda. Si avvicinò al mio letto e molto amorevolmente mi disse: "Figlio mio, non essere triste, Amma è con te". Ripeté quel messaggio ancora due volte e poi se ne andò, svanendo completamente.

Quasi immediatamente il telefono squillò. Mi svegliai nel sentire quel suono o ero già sveglio? Non ne sono sicuro. Quando sollevai il ricevitore, sentii la voce dell'operatore che diceva: "Le passo la sua chiamata internazionale con Quilon". Dopo pochi attimi udii la voce di Amma all'altro capo della linea che diceva: "Figlio mio, non essere triste, Amma è con te". Ripeté queste parole ancora due volte com'era accaduto nella visione e prima che potessi dire qualcosa la linea cadde. Come mi sentivo interiormente? Difficile dirlo. Era una sensazione intensa. Pur essendo la mente in uno stato di calma e di raccoglimento, lacrime di una gioia sconosciuta scendevano lungo le mie guance. La beatitudine provata non mi abbandonò per tutto il resto della notte e nelle settimane successive...

Questa esperienza può essere vista come una fantasia mentale, la realizzazione di un desiderio presente nel mio subconscio, semplicemente un sogno, oppure si potrebbe obiettare che ciò che sperimentai erano semplicemente "impulsi elettrici cerebrali che fanno affiorare pensieri e immagini casuali dai nostri ricordi", privi di un significato particolare. Oppure la si potrebbe interpretare come il gioco dei protoni, dei neutroni e degli elettroni. Qualunque cosa sia stata, un sogno è un sogno, senza alcuna consistenza. Ma la mia esperienza non era così, era stata molto profonda e tangibile, percepibile dai sensi. Pertanto, invece di analizzare tale esperienza da un punto di vista scientifico e logico, preferisco credere nel potere divino di Amma di "curvare lo spazio-tempo". Questa fede mi è di grande ispirazione. Dopotutto, per qualcuno che è in grado di controllare gli elementi, non si tratta di un'impresa impossibile. È questo quello che la teoria del cunicolo spazio-temporale di Einstein proclama al mondo, giusto?

Albert Einstein ha anche descritto la prospettiva limitata dalla quale noi vediamo lo spazio e il tempo: "Un essere umano è parte del tutto, chiamato da noi 'universo', una parte limitata nel tempo e nello spazio. Sperimenta se stesso, i pensieri e i sentimenti come qualcosa di separato dal resto, una sorta di illusione ottica della sua coscienza. La lotta per liberarsi da questa illusione è uno dei temi delle vere religioni. Evitare di nutrire questa illusione, cercando invece di superarla, è ciò che ci permette di raggiungere un certo grado di pace mentale".

Si può discutere se Einstein fosse credente o ateo, ma lui considerò sempre l'ordine intrinseco e la natura reconditta dell'universo con stupore e reverenza.

Nei miei quarant'anni con Amma, c'è stata una serie infinita di esperienze straordinarie di cui molte indescrivibili. Lasciate che ne condivida una.

Qualche anno fa, mentre parlavo con alcuni devoti ad Amritapuri, un uomo si unì al gruppo. Non l'avevo mai visto prima. Sembrava ascoltare la conversazione e nel bel mezzo mi fece improvvisamente questa domanda: "Cosa c'è di così grande nel suo Guru, Amma?".

Non parlava come se fosse un devoto e il suo tono non era amichevole. Aveva un'agenda e alcune riviste ripiegate sotto il braccio e l'espressione del suo viso e il suo atteggiamento lo facevano sembrare più un esaminatore.

Nel sentire quella domanda inattesa, pensai che avrei dovuto scoprire chi fosse prima di rispondere.

"Da dove proviene? Come si chiama?" chiesi.

"Ha bisogno di sapere chi sono prima di rispondere alle mie domande?"

L'ashram di Amritapuri è aperto a chiunque. Sebbene la maggior parte della gente sia devota di Amma, si possono incontrare anche persone di altre fedi religiose e persino non credenti. In genere i visitatori rispettano l'atmosfera, le buone maniere elementari, le norme e le regole. Quindi un tale comportamento era insolito e inaspettato.

La situazione sarebbe facilmente potuta diventare un incontro spiacevole. Ordinai alla mia mente di "stare zitta" e ricordai il detto delle Scritture *"Athithi Devo Bhava"*, ovvero l'ospite è Dio. Avrei dovuto trattarlo di conseguenza. Ad ogni modo ammirai mentalmente l'audacia di quest'uomo perché l'incontro stava avvenendo davanti alla sala di preghiera principale di Amritapuri, in quel momento gremita di devoti.

Per un attimo nessuno di noi parlò, poi il mio ospite disse: "Mi chiamo... e sono di... sono venuto qui per fare un'indagine".

"Su cosa sta indagando?"

"Voglio sapere se Dio è qui". Il disprezzo e lo scherno nelle sue parole e nel tono erano evidenti.

Risposi: "Dio è ovunque, non solo qui. In verità credo che non ci sia nulla che non sia divino qui, là, o altrove".

"Non è una credenza del tutto irrazionale?"

"Forse. Qual è la sua opinione razionale?" chiesi.

"Che Dio non c'è. Non esiste un simile potere. Credo nella ragione, non nelle superstizioni".

"Lei ha detto: 'Credo nella ragione'. Non è una credenza anche questa? Dove sta la logica nell'affermare semplicemente: 'Non esiste un simile potere?'. Tuttavia direi che i nostri pensieri hanno qualcosa in comune: siamo entrambi credenti, non le pare?"

"Potremmo esserlo, ma c'è una grande differenza tra di noi" sottolineò l'ospite.

"Anche se così fosse, sta di fatto che non è possibile l'esistenza senza la fede. Bisogna credere in qualcosa, giusto?"

"Non importa. Il fatto che lei creda in Dio e che io sia un ateo dichiarato indica che c'è una grande differenza tra di noi".

"Siamo però entrambi esseri umani e l'essere umani è un elemento che ci accomuna", e poi soggiunsi, "Amico, posso farle una domanda? Per quanto ne so l'ateismo non è né una mancanza di fede né una negazione di Dio. È una prospettiva che riguarda l'esistenza di una divinità che trascende le nostre facoltà mentali. In altre parole, un potere supremo. Tuttavia, la prima cosa che ha detto è stata: 'Voglio sapere se Dio è qui'. Questo non significa forse che non può negare completamente l'esistenza di Dio? Se qualcuno sa che non esiste nessun Dio, perché dovrebbe voler venire qui e indagare su tale argomento?"

Non so se fu l'avere messo il dito nella piaga, ma la mia risposta fece improvvisamente andare su tutte le furie l'uomo. "Mi sta dicendo di andarmene?", chiese.

"Mi perdoni, non ne ho mai avuto l'intenzione. Se le ho dato questa impressione, mi scuso. Ho semplicemente espresso un dubbio sul tema della nostra conversazione".

Le mie parole l'avevano tuttavia fortemente provocato. "È questo il risultato delle sue convinzioni religiose e della sua fede in Dio? È questo il modo in cui Amma le ha insegnato a comportarsi?"

Replicai: "Amma ci insegna a diventare umani. Sono profondamente dispiaciuto che le mie parole l'abbiano ferita così profondamente".

Cercai di placarlo in vari modi. Mi scusai più volte, ma la sua collera non diminuiva. Non riuscivo a comprendere perché fosse così arrabbiato. Poi, senza aggiungere altro, ci separammo.

Il seguito di questo incontro avvenne nel cortile del tempio Brahmasthanam di Calicut.

La folla presente era tale che non vi era neppure un centimetro di spazio libero. Amma incontrava i suoi figli ad uno ad uno, elargiva misericordia, lanciava sguardi furtivi e riversava il nettare della compassione in eguale misura su tutti. Io ero su un lato del palco, poco distante da lei, e guardavo il darshan di Amma, unico nel suo genere. Tutti i cuori traboccavano per lei. Certe persone piangevano di gioia, rapite dalla pura devozione. Alcune erano diventate immobili, immerse in uno spazio meditativo, altre avevano dimenticato se stesse, perse in una gioia suprema. E in altre ancora si erano rotte le dighe del dolore, provocando un diluvio di lacrime. Amma stringeva nelle sue braccia materne tutto e tutti. Il suo senso di maternità universale ricorda l'oceano infinito dell'amore supremo.

Mentre osservavo tutto questo, notai un uomo che porgeva i suoi omaggi ad Amma toccandole i piedi. Con suprema devozione, si appoggiò alla spalla della Madre, poi sollevò il capo e le disse qualcosa. Prostrandosi nuovamente, allungò le mani per ricevere il *prasad* che lei gli porgeva ed infine scomparve tra la folla. Poiché stavo osservando attentamente il darshan, riconobbi immediatamente costui: era "l'ateo" incontrato ad Amritapuri!

Mi diressi rapidamente dove si trovavano le telecamere di video sorveglianza. Spinto dalla curiosità e per rassicurare me stesso, guardai ciò che avevano registrato. Non avevo dimenticato il suo viso. Sì, era proprio lui...

Ma ciò che mi fece riflettere fu qualcos'altro. Quell'uomo aveva qualche secondo fine che l'aveva spinto ad andare da Amma? Non era certo così stupido da pensare che nessuno lo avrebbe riconosciuto o identificato tra la folla. Probabilmente aveva anche immaginato che sarei stato lì. Cos'era quindi accaduto da quando ci eravamo incontrati ad Amritapuri ad ora? Ero ansioso di saperlo, ma a chi avrei potuto chiederlo?

Erano quasi trascorse due ore, forse una e mezza. Il darshan stava continuando quando sentii qualcuno bussare alla mia porta. Quando aprii vidi un volontario che mi disse: "Swamiji, qualcuno vuole vederla". Ancor prima che riuscisse a completare la frase, il visitatore apparve davanti a me: si trattava proprio del mio ateo! Non riuscii a nascondere il mio stupore e fu sicuramente l'espressione del mio viso a farlo ampiamente sorridere. Notai che c'era stato un cambiamento in lui.

"Come va? Cosa la porta qui?", chiesi.

"Sono venuto a vedere Amma".

Mentre mi stavo chiedendo come avrei potuto iniziare e cosa chiedere, lui continuò a parlare. "Sono certo che si ricorderà di avermi incontrato ad Amritapuri e di come ci siamo lasciati. Quel giorno, prima di andarmene, sono rimasto molte ore lì. Mentre giravo per l'ashram, all'improvviso un uomo mi si avvicinò e mi chiese: 'È venuto a vedere Amma per la prima volta? Allora può andare subito a prendere il darshan'.

Decisi che era l'occasione per incontrare personalmente la 'Madre dell'universo' e farle delle domande. Andai con l'uomo fino a dov'era seduta Amma. Davanti a me c'erano altre persone che aspettavano di ricevere il darshan. Alla fine mi trovai proprio di fronte a lei. Ma Amma non mi abbracciò come aveva fatto con gli altri. Prima di poter aprire bocca per porle le domande che avevo preparato, si mise a ridere e disse: 'Figlio, l'esistenza di Dio potrebbe essere oggetto di dibattito, ma nessuno può negare che ci sono persone che soffrono nel mondo, giusto? Servire e amare costoro: questo è il vero significato di Dio. Amma è sempre pronta a lavare i piedi di chi serve altruisticamente il mondo e di bere felicemente quell'acqua sacra, di chiunque sia. Più del devoto unto con simboli sacri, Amma preferisce chi ne è privo, ma che ama altruisticamente gli altri'".

L'uomo proseguì spiegando: "Ebbi la sensazione che da qualche parte, dentro di me, fossi stato colpito da un fulmine. Ero esterrefatto. Tutto aveva smesso di funzionare: la mia lingua, la capacità di parlare, la mente. Perfino in quel momento Amma mi guardava e sorrideva. Dopo qualche attimo, mi alzai lentamente e me ne andai.

Camminai fino a raggiungere il parcheggio dietro l'ashram. Era deserto. In piedi, sotto un vasto cielo, ebbi l'impressione che una brezza leggera aleggiasse dentro e fuori di me. Era come se qualcuno avesse aperto una porta chiusa da anni...

Dopo questo fatto tornai all'ashram ancora una volta per confessare tutto ad Amma e chiederle perdono. Volevo anche incontrarla, Swamiji, ma non ci riuscii perché lei era assente. Non penso ancora a me come a un devoto, ma le parole di Amma e la sua presenza sono riuscite a trasformarmi. Hanno prevalso dentro di me come una forza irresistibile, impossibile da dimenticare e incomparabile, che non può essere messa da parte o dimenticata".

Terminò la spiegazione con un lungo sospiro e poi, emozionandosi, il mio amico mi afferrò le mani e tenendole strette se le portò al petto. "Non affermo di essere un devoto, non penso neppure di avere fede nei miracoli, ma penso che sarebbe irrazionale da parte mia non accettare una persona come Amma. Sarei incredibilmente stupido se negassi l'esistenza di una persona come lei, così unica. Non sarei onesto con la mia coscienza se non riconoscessi la sua capacità di donare amore puro, ascoltare come nessun altro sa fare e tutto questo sotto i miei occhi…". Detto questo, se ne andò.

Mentre lo osservavo allontanarsi, le sue parole sincere continuavano a riecheggiarmi nella mente.

La vita e la presenza di Amma ricordano la profondità e l'immensità di un oceano che accoglie tutti i fiumi, dando a ciascuno la stessa importanza.

Il "cuore" è il punto centrale del corpo umano. Lo potremmo chiamare anche "coscienza". La mente è colma di impurità ed è sede d'innumerevoli emozioni e pensieri. Il cuore o la coscienza ne sono il substrato.

Da un punto di vista medico, il cuore è semplicemente un organo che pompa il sangue nelle diverse parti del corpo. Per contro, le Scritture lo considerano come la dimora dell'anima. Il cuore simboleggia l'anelito a conoscere il potere supremo latente in noi, a realizzare Dio con un assiduo sforzo meditativo e a impregnarsi di questa saggezza. Il cuore rappresenta l'amore e l'ardente desiderio dell'anima individuale di abbandonarsi all'Essere supremo, fondendosi in Lui. Questi sono i vari significati che la parola "cuore" ha in campo spirituale.

Per esempio, vi sono momenti nella mia vita in cui tutto il mio essere si espande e ciò accade quando canto i *bhajan* per Amma. A volte è come se il mio cuore esplodesse. È un'esperienza spiritualmente elevante. Il mio cuore trabocca d'amore, inebriato dal Divino. Non ci sono parole capaci di descrivere questo sentimento. Una simile esperienza può accadere a tutti coloro che svolgono il proprio lavoro come fosse un atto di adorazione. Se osservate da vicino quei momenti di gioia inesplicabile, troverete che traggono origine dal lato sinistro del torace, dov'è localizzato l'organo fisico chiamato cuore.

Perché Amma è la Madre dell'universo? Perché in sua presenza sperimentiamo la pienezza del cuore, il centro stesso dell'universo. L'esperienza soggettiva di Dio e delle Sue qualità, come l'amore, la purezza, la pace, la compassione, la beatitudine e una visione equanime, si manifestano e diventano realtà. La presenza fisica di Amma e le sue azioni sono la prova che *moksha*, lo stato supremo dell'esistenza umana descritto nei *Veda* e nelle *Upanishad*, non è un mito, ma un'esperienza reale. Amma e le sue qualità divine infondono vita al potente concetto di "*Jagadamba*" (Madre dell'universo), come descritto nella fede induista.

Ecco perché Amma è la Madre di tutti. La sua maternità divina che abbraccia ogni cosa è invero il potere dell'irresistibile attrazione di Amma.

11 | COLEI CHE DIMORA SEMPRE NEL SAHAJA SAMADHI

C'è qualcuno nel mondo che non medita? Se dite no, la vostra risposta suonerà forse inverosimile sebbene potrebbe essere vera.

Quando abbiamo fame, meditiamo sul cibo. Quando abbiamo sonno, nessun altro pensiero occupa la nostra mente: dimenticando che ora è e dove siamo, meditiamo e facciamo appello alla dea del sonno! Per non parlare della concentrazione esclusiva del ladro che intende compiere un furto o di un bimbo che pensa solo al latte della madre. Anche l'attenzione del predatore completamente focalizzato sulla preda è una forma di meditazione! È ben noto lo "stato meditativo" della cicogna, che resta immobile per catturare il pesce nelle acque basse. Analogamente, benché forse non ne siamo consapevoli, anche le piante e gli alberi meditano.

Meditare è qualcosa di naturale per il nostro Essere, il nostro Sé interiore.

L'amore è il cuore e la base fondante della meditazione. Quando contempliamo le cose, le persone e i luoghi che amiamo, la nostra mente non diventa un tutt'uno con essi? La meditazione è un flusso ininterrotto di pensieri su un oggetto. Quando però la arricchiamo con il sentimento dell'amore si evolve, acquisisce una dimensione diversa e sfocia nell'estasi spirituale.

Cosa accade all'innamorato che riporta ripetutamente alla memoria i dolci ricordi di un amore? Il suo stato d'animo e la sua immaginazione aumentano d'intensità; spontaneamente i suoi occhi si chiudono. Dimenticando ogni cosa, anche se solo per un attimo, costui entra in uno stato di assorbimento. Sebbene non vengano esplorate le profondità della meditazione, questa è tuttavia un'esperienza meditativa.

Quando la maggior parte della gente parla di "amore", si riferisce semplicemente a un'esperienza puramente fisica ed emotiva. In effetti, in essa non c'è l'amore, ma solo un desiderio dei sensi. Non si può però affermare categoricamente: "Non è amore!". Citando le parole di Amma: "Quello è il livello inferiore dell'amore, paragonabile al primo gradino di una scala. Non ci si dovrebbe fermare lì, ma lo si dovrebbe usare per salire. Così facendo, quell'amore si trasforma gradualmente in meditazione".

I sei centri [energetici] del corpo (dal *muladhara* all'*ajna chakra*[1]) descritti nel *Kundalini Yoga* non sono parti del corpo che possono essere percepite con l'occhio, bensì descrizioni simboliche di un potere spirituale dormiente. Sono anche una

---

[1] *Chakra*, ovvero "ruota" in sanscrito, è associato ai plessi nervosi o ai centri psichici della coscienza. Vi sono sette *chakra*, situati lungo la colonna vertebrale, dalla base alla scatola cranica. Il *muladhara chakra* è situato alla base della spina dorsale e l'*ajna chakra* tra le sopracciglia. Il *sahasrara chakra* è raffigurato come un loto dai mille petali sulla sommità del capo.

scienza estremamente sottile e un'esperienza interiore.

L'energia dell'amore è indiscutibile: è la forma più pura di energia che una persona comune può sperimentare. Tuttavia il suo potenziale dipende dalla sua purezza: più l'amore è puro, maggiore è la sua forza.

L'amore che si prova a livello fisico ed emozionale trae origine dal *muladhara*, il più basso dei sei *chakra*. In genere, l'amore associato a questo livello si può esprimere in due modi: può elevarsi sino a raggiungere il piano più alto dell'esistenza o, come accade per la maggior parte delle persone, rimanere a questo primo livello, al cerchio delle emozioni primarie generate dal corpo e dalla mente.

Nell'iconografia indù, il fiore di loto occupa una posizione di spicco. È un meraviglioso simbolo eterno di abbondanza, bellezza, successo spirituale e immortalità. Chiunque si ferma ad ammirare questo fiore che, sebbene emerga dal fango, emana uno splendore incontaminato.

La bellezza eterea del loto è una metafora dell'evoluzione spirituale dell'amore intrappolato dalla sensualità nel *muladhara chakra*. Il loto rosa, che fiorisce nel fango, è un emblema del pellegrinaggio spirituale del ricercatore e del suo progredire dal *muladhara* al loto dai mille petali del *sahasrara* (il punto più elevato nella vita spirituale).

Il *muladhara* segna un estremo dell'esistenza. Quando l'amore che vi dimora viene purificato e trasformato dall'ascesi (*tapas*), si eleva e scorre verso l'altro estremo, il *sahasrara* dai mille petali. Pertanto, il desiderio carnale, una forma inferiore di energia, viene tramutato nella forma di energia più potente e più pura: l'amore incondizionato. Questo è il fiorire che vediamo nel loto.

Poiché il risveglio spirituale supremo è inconcepibile per la mente o per l'intelletto, gli antichi veggenti utilizzarono il simbolo del loto che sboccia e che emerge dal fango, elevandosi dalla sporcizia alla dignità, dalla bassezza alla nobiltà. È un'esperienza soggettiva. Forse la metafora più vicina al pensiero dei saggi è l'immagine del bocciolo che si trasforma in un loto in piena fioritura. Nelle Scritture, la parola "*sahasra*" indica l'infinito. Così, *sahasra-dala-padma* (il loto dai mille petali) designa l'esperienza dell'infinito *Brahman*, l'unione con la totalità e il ritorno al nostro stato originario di beatitudine infinita.

In realtà, la meditazione è lo stato d'amore più elevato. Quando si accede a questo stato sublime, l'amore passa attraverso una metamorfosi e diventa senza forma.

Quando il desiderio di realizzare Dio diviene un'intensa e bruciante sofferenza interiore, l'amore viene purificato nel fuoco dello struggimento. L'intensità di questo desiderio è paragonabile al *tapas*. Quando l'amore assume un carattere sempre più profondo e pervasivo, diventa la pura presenza che trascende ogni confine. Questo è ciò che Amma intende quando dice: "Io sono l'amore, l'essenza dell'amore".

Un giorno qualcuno chiese ad Amma: "L'amore e la meditazione sono due cose diverse?"

Amma rispose: "Chi pensa che l'amore e la meditazione siano diversi non ha compreso la profondità e il significato di nessuno dei due. Quando l'amore diventa più profondo si trasforma spontaneamente in meditazione. L'amore è la forza che aiuta il fiore della meditazione a crescere, a sbocciare e a diffondere la sua fragranza ovunque. L'amore che nasce dal desiderio dovrebbe innanzitutto divenire altruistico. Gradatamente, questo amore passerà da un'adorazione di Dio con attributi a un'adorazione del Divino senza forma e in questo stato si vedrà la bellezza e la gloria di Dio in ogni cosa: il mondo diventa Dio".

La parola "meditazione" deriva etimologicamente dal latino "*mederi*", che significa curare. Termini come "medicina", "'medico", "meditare" e "medicare" sono originati tutti da *mederi*.

Abbiamo bisogno di medicine per curare le malattie che affliggono il corpo. Allo stesso modo, la meditazione è necessaria per curare le malattie della mente.

In realtà, per accelerare il processo di guarigione, insieme alle medicine che assumiamo per i disturbi del corpo bisognerebbe anche meditare. Se comprendessimo il legame tra la medicina e la meditazione, il percorso di cura definito dai medici cambierebbe drasticamente. Forse questo è il significato del vecchio adagio malayalam "medicina e mantra". Per "medicina" s'intende ovviamente la terapia e i farmaci più opportuni prescritti da un medico qualificato arricchiti con la ripetizione del mantra (*japa*): questa è la formula divina in grado di curare davvero.

Per poter padroneggiare la mente, trovare la pace e raggiungere lo scopo della spiritualità attraverso la meditazione, occorre diventare pazienti e tolleranti come la Terra. Un paziente che giace infermo nel letto non può permettersi di essere impaziente. La pazienza è assolutamente necessaria per guarire, mentre l'impazienza può avere conseguenze dannose.

Esistono due tipi di malattie: fisiche e mentali. Una fragile salute fisica può essere curata con la medicina, mentre una cattiva salute mentale può essere curata con la meditazione.

Per conquistare le vette del materialismo e della spiritualità, si deve amare il campo di attività che abbiamo scelto. Dobbiamo abbracciarlo con tutti noi stessi. "La forza dell'amore è il razzo vettore e la meditazione ciò che ci porta alla vetta", dice Amma.

È noto che alcuni scienziati e artisti dalle capacità intellettuali prodigiose hanno sperimentato questo stato meditativo. Quando leggiamo le opere di alcuni grandi poeti e scrittori, abbiamo l'impressione che i segreti dell'universo gli siano stati svelati, talmente elevata è la loro visione. Sfortunatamente, ad eccezione di pochissimi, la maggior parte di loro diventa facile preda delle tentazioni della mente e vi indulge in modo sfrenato, rovinando la propria vita.

Quando i ballerini danzano, i cantanti cantano e i musicisti suonano i propri strumenti, sembrano scivolare in uno stato di assorbimento meditativo. Tuttavia nessuno di loro riesce a rimanervi durevolmente o a entrare nel regno della beatitudine eterna. Possono restare in questo stato di assorbimento interiore per qualche tempo, ma infine ricadono nei conflitti e nelle agitazioni mentali abituali. Questa è una delle ragioni per cui la meditazione è importante. Come dice Amma: "Così come mangiamo e dormiamo, anche la meditazione e le pratiche spirituali dovrebbero diventare parte integrante della nostra routine giornaliera".

Come detto precedentemente, l'intensità dell'amore dà profondità alla meditazione e la rende completa. Quando la meditazione diventa uno strumento per raggiungere la purezza mentale e la liberazione spirituale, l'amore in cui affonda si trasmuta e conduce il ricercatore ai più alti piani dell'esistenza. Amma dice: "Quando la meditazione diventa come un fiume incessante, un flusso ininterrotto, a quel punto si realizza l'unione completa con il tutto".

Amma impersona lo stato meditativo più alto. In ogni sua azione traspaiono l'immobilità, la beatitudine e la bellezza della meditazione. Se osserviamo Amma con gli occhi del cuore, ci diventerà chiaro cosa significhi questa esperienza e a poco a poco potremo essere degni di tale esperienza. Il luogo migliore per assorbire l'essenza della meditazione e diventare la meditazione stessa è dove c'è la presenza sacra di un *Satguru* come Amma.

Amma dice: "Gli alberi di mele hanno bisogno di un clima freddo per crescere e fruttificare. Non cresceranno in Kerala e se mai li coltivassimo lì, daranno pochi frutti, che non saranno gustosi e dolci come quelli dove i meli crescono naturalmente. Questi alberi sono invece molto diffusi in Kashmir poiché il clima è favorevole alla loro crescita. Allo stesso modo, la presenza di un *Satguru* è il clima ideale, quello più consono ai *sadhak* che desiderano praticare la meditazione e crescere spiritualmente".

Ecco alcune parole di Amma su cui è bene meditare: "Quando la mente si dissolve nella vera meditazione, non c'è ritorno. Quando la mente dimora in quello stato si diventa il cuore stesso dell'universo. Tutto diviene 'Io', un 'Io' onnipervadente. Si attrae ogni cosa e si acquisisce tutto. Si diventa una mera presenza, in grado di elevare chiunque, una presenza amorevole che tocca tutti gli esseri come un fiume che scorre o il soffio della brezza".

Sahaja samadhi è lo stato supremo dell'esistenza in cui si è radicati fermamente nell'esperienza immutabile dell'unione con *Brahman*. Amma è la personificazione gloriosa e generosa della saggezza della perfezione insita nella meditazione e nella compassione. La sua forma e il suo tocco, il suono e il silenzio, il suo essere taciturna e loquace, il cibo e il sonno, il gioco e il riso, l'amore e la collera, lo sguardo e il movimento sono tutti meditazione, manifestazione costante dello stato di *sahaja samadhi*.

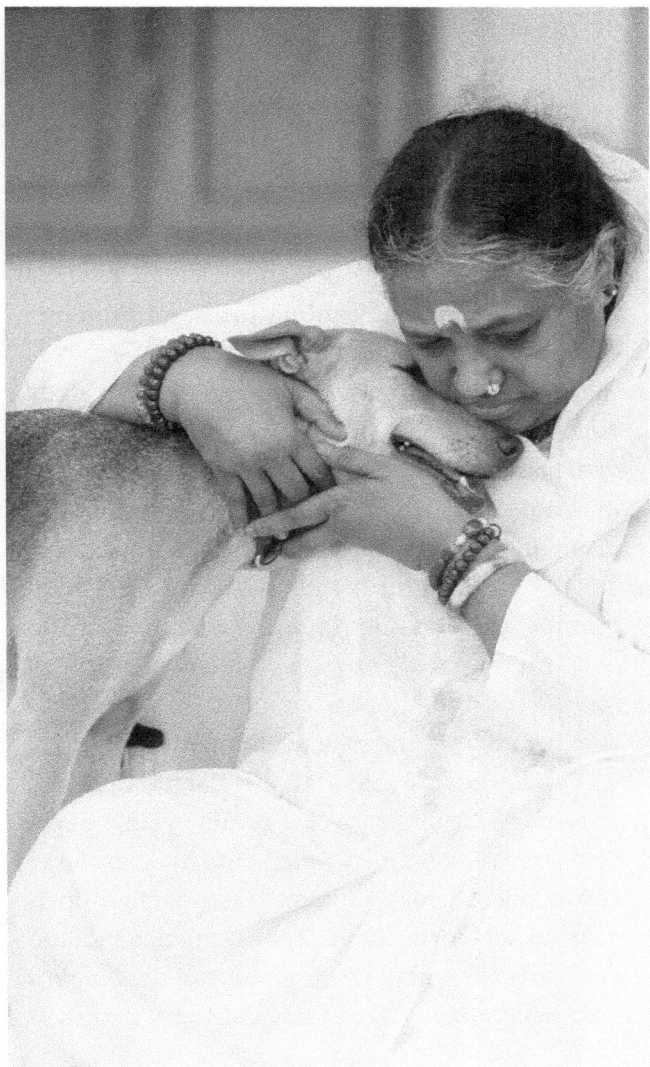

12 | LA NATURA ONNICOMPRENSIVA DEL GURU

Amritapuri trabocca sempre di gioia. Grazie alla presenza di Amma, la perfezione stessa, Amritapuri celebra Guru Purnima ininterrottamente. Ogni momento con lei è Guru Purnima: con la sua presenza, Amma effonde lo splendore della conoscenza del Sé sulla Terra. Ad Amritapuri, ogni granello di sabbia, ogni molecola d'aria sparge intorno a sé tantissima gioia. Un frammento di quella Conoscenza deve aver illuminato il cuore di Sri Ottoor Unni Namboothirippad perché il primo mantra del suo *Amma's Ashtottaram* (i 108 nomi di Amma) è "*Om purna -brahma-svarupinyai namah*", ovvero "Rendo omaggio a Colei che è la completa manifestazione del Supremo".

Un *Satguru* è davvero l'incarnazione del Supremo. Guru Purnima è il giorno in cui il discepolo ricorda, con un atteggiamento di devozione e adorazione, la gloria suprema e la natura onnipervadente del Guru. Kabir, il poeta mistico indiano del XV secolo, descrive la grandezza del *Satguru* proclamando: "La grandezza del Guru è al di là

delle parole. Grande è la fortuna del discepolo".
Kabir ne esalta la gloria dicendo: "È stata la grazia
del mio *Satguru* a guidarmi a conoscere l'ignoto.
Da lui ho imparato a camminare senza piedi,
a vedere senza occhi, a sentire senza orecchie, a
bere senza bocca e a volare senza ali. Ho portato
il mio amore e la mia meditazione nella terra dove
non c'è né sole né luna, né giorno né notte. Senza
mangiare, ho assaporato la dolcezza del nettare.
Senz'acqua, ho placato la mia sete. Quando c'è il
responso dell'appagamento, c'è la gioia in tutta la
sua pienezza. Davanti a chi esprimere tale gioia?".

Per il discepolo, il Guru è tutto. La forma e la
compassione sconfinata del Maestro sono l'oggetto
della sua meditazione. La mente e l'intelletto del
discepolo non possono dirigersi da nessun'altra
parte. I discepoli che hanno raggiunto tali vette
sono rari: un vero prodigio.

Amma dice: "La spiritualità è il viaggio di
ritorno verso la fonte, la nostra vera origine.
Fa parte del processo evolutivo di ognuno
intraprendere ad un certo punto tale viaggio, in
questa vita o in quelle successive". A chi chiede:
"Quando?", Amma risponde: "Adesso. Qui.
Questo è il momento migliore per impegnarsi

a conseguire la Realizzazione. Aspettare che i pensieri si plachino prima d'iniziare la ricerca spirituale è come aspettare che le onde dell'oceano cessino prima di nuotare. Occorre guardare dentro di noi e cominciare a praticare l'autoindagine non appena sorge la curiosità di conoscere la verità dell'esistenza".

Una volta incontrato un *Satguru*, una volta che quella manifestazione umana di consapevolezza universale appare nella nostra vita, non dobbiamo più indugiare perché non c'è nulla di più grande nella vita umana. Non dubitate, non permettete alla mente di smorzare il vostro anelito.

Non appena sorge il pensiero: "Devo dedicarmi alle pratiche spirituali senza tergiversare", non bisogna aspettare neppure un secondo in più. La mente è volubile e i pensieri si muovono alla velocità del vento.

Nella *Bhagavad Gita*, il grande guerriero Arjuna dice al Signore Krishna:

*cañcalam hi manaḥ kṛṣṇa pramāthi balavaddṛḍham
tasyāham nigraham manyē vāyōriva suduṣkaram*

La mente è assai irrequieta, turbolenta,
forte e ostinata, Krishna. Credo sia difficile
padroneggiarla, più del padroneggiare il
vento. (6.34)

Di fronte al dubbio sincero del suo discepolo,
Krishna propone una duplice soluzione: utilizzare
gli strumenti *'abhyasa'* (pratica assidua) e *'vairagya'*
(non attaccamento accompagnato da un giusto
discernimento) per domare e disciplinare la mente.

Come si raggiunge l'eccellenza in un determinato ambito, che sia artistico, scientifico,
economico, politico o in un qualsiasi altro campo?
Attraverso una pratica continua, giusto? È come
quando si è diventati esperti nel karate. Una
volta acquisita la padronanza della tecnica, cessa
ogni sforzo e anche i movimenti più complessi
fluiscono spontaneamente attraverso di voi. Non
occorre nemmeno pensare: semplicemente accade.
Ma per acquisire tale spontaneità avete avuto
bisogno di anni di pratica costante e intenzionale.
Personaggi insigni, artisti, cantanti, musicisti e
atleti, praticano tutti la propria arte per ore e ore,
ogni giorno, senza mai mancare di farlo.

Ecco un esempio lampante di *vairagya* illustrato da Amma: "Immaginate di essere allergici

al grano o ai latticini: non eviterete di mangiare la pizza, i *chappati* o il gelato quando tutti i vostri amici li ordinano al ristorante? Questo vostro atteggiamento nasce dall'avere compreso che consumare prodotti a base di grano o di latte può provocarvi una grave reazione allergica, non è vero? Allo stesso modo, un *sadhak* dovrebbe sviluppare avversione per i piaceri del mondo sapendo che sono dannosi per la sua crescita spirituale".

Cosa accade se qualcuno corre senza mai fermarsi? Finirà per stancarsi, perdere le forze e alla fine crollerà, giusto? Dovremmo fermarci un attimo a osservare la nostra vita. Cosa stiamo facendo? Stiamo correndo fisicamente, mentalmente ed emotivamente, non è così? Nella società moderna la vita è diventata una corsa, una gara folle nella quale le persone sono in competizione tra loro per acquisire potere e denaro.

È necessario lasciare che la nostra coscienza si espanda. Come? Amma dice: "In realtà non esiste né l'espansione né la contrazione della coscienza, che è sempre piena e immutabile. Tuttavia, finché ci identifichiamo con il corpo e con la mente, compiere piccoli atti di gentilezza, di compassione,

offrire sorrisi sinceri, parole belle e toccanti o
essere disponibili a capire gli altri, a dimenticare,
a perdonare e svolgere pratiche spirituali come
la meditazione, il *japa* e così via, produce la
cosiddetta espansione della coscienza".

Nella vita di ogni giorno siamo costantemente
impegnati a 'fare' e a 'disfare', ma poiché non lo
vediamo, non ne siamo consapevoli. Non dobbiamo forse disfare molte cose che per tanto tempo
hanno fatto parte della nostra vita? Ci trasferiamo
da una città all'altra, da una vecchia casa a una
nuova, lasciamo un vicinato conosciuto per uno
nuovo, passiamo da un ufficio o da un ambiente
di lavoro a un altro. Tutte le transizioni grandi
e piccole della vita comportano l'abbandonare
alcune vecchie abitudini e l'apprenderne di nuove.
Questo è noto come *abhyasa*.

Possediamo la capacità interiore di sviluppare
qualità spirituali purché abbiamo la serietà e
l'entusiasmo per farlo. Tale processo comprende
anche *vairagya* perché mentre lasciamo una
situazione per abbracciarne un'altra, dobbiamo
anche staccarci dalla prima. Se osserviamo la vita
da questa prospettiva, ci accorgiamo che stiamo
sempre praticando *abhyasa* e *vairagya*. Quando

il nostro obiettivo è realizzare Dio, bisogna rafforzare e intensificare tale pratica.

L'onda pensiero che nasce nel momento presente verrà superata dall'onda successiva. Dentro di noi è in corso un processo evolutivo infinito in cui il futuro irrompe, spingendo il presente a dimenticare il passato. Così opera la mente. Se quindi non agiamo subito seguendo nobili impulsi, quest'ultimi perderanno forza e potremmo farci sfuggire l'opportunità d'oro d'immergerci nelle profondità del nostro Sé.

La spiritualità, la ricerca di chi siamo in realtà, ha come oggetto di studio il nostro stesso Sé. Non c'è niente di più grande al mondo che conoscere il proprio Sé. Conseguire tale conoscenza significa detenere la totalità dell'esistenza universale. Quando la mente è stata purificata dal *tapas*, emerge la consapevolezza di "Io sono Dio, io sono il Tutto". Quando sorge la conoscenza del Sé, si trascendono le attrazioni e le avversioni, i concetti di interiore ed esteriore sfumano e dentro di sé si sperimenta l'infinità di *maha-akash*, il grande spazio, la coscienza universale.

Chi desidera intraprendere questa strada, deve tuttavia prepararsi a ricevere questa conoscenza

suprema. Quando sviluppate la disponibilità
ad essere formati e ad esercitare un'attenzione
costante, appare il *Satguru*. Prima di allora non
potete sperimentare il *Satguru*, anche se è fisicamente presente nella vostra vita. Questo è ciò che
Amma intende quando dice: "Innanzitutto deve
esserci un discepolo. Solo allora ci sarà un Guru".
Il fattore più importante è il desiderio profondo
del discepolo di venire disciplinato. L'unico scopo
del *Satguru* è di svegliarvi dal sonno profondo
dell'ignoranza. Se quindi vi sentite "in fiamme"
in presenza del *Satguru*, consideratelo un buon
segno: il Guru ha cominciato a lavorare su di voi.

Essere discepoli richiede un allenamento
costante. In effetti, potremmo dire che tutta
la nostra vita è una preparazione continua.
Nel momento in cui viene tagliato il cordone
ombelicale, ognuno di noi inizia una preparazione, che dura tutta la vita, per poter condurre
un'esistenza pacifica e felice in questo mondo. Ciò
nonostante, un'osservazione attenta delle persone,
in qualunque parte del mondo, rivela che nel corso
della loro vita raccolgono tantissime frustrazioni e
dispiaceri che creano infine un dolore immenso.
Per ironia, anche se ci prepariamo continuamente

a vivere, in realtà non viviamo mai la vita. Non sentiamo le persone dire sul letto di morte: "Per tutta la mia vita mi sono preparato a vivere, ma non ho mai vissuto". È quindi importante praticare la spiritualità basandosi sui principi del lasciar andare e dell'abbandonare gli attaccamenti non intelligenti.

Un uomo molto ricco era profondamene attaccato alle proprie ricchezze. È naturale, quindi, che desiderasse vivere per un migliaio di anni. Visitò molti luoghi sacri e consultò parecchi santi sperando di realizzare il suo desiderio. Un giorno, durante un pellegrinaggio, qualcuno gli disse che sull'Himalaya c'era un'antica grotta in cui scorreva un piccolo ruscello la cui acqua poteva allungare notevolmente la vita. L'uomo partì immediatamente alla ricerca della grotta e trovò il ruscello. Pazzo di gioia, raccolse l'acqua con le mani a coppa, ma mentre stava per berla udì all'improvviso una voce: "Non farlo. Pensaci bene prima di bere l'acqua". L'uomo si guardò intorno e vide un corvo. "Perché?", gli chiese, "Puoi spiegarmi il motivo?" Il corvo rispose: "Certo. Una volta bevvi l'acqua del ruscello ed ora la mia vita continua all'infinito, ma io sono profondamente infelice e insoddisfatto. Ho visto, sperimentato e ottenuto ogni cosa nella vita: buona reputazione, fama, potere, amore, successo, fallimenti e così via. Ero il re della comunità dei corvi. Ho avuto molte mogli, tantissimi figli... qualsiasi cosa. Adesso non ne posso più e vorrei mettere fine in qualche modo a questa vita, ma non posso. Ho cercato persino di suicidarmi senza riuscirci perché devo attendere che termini la durata prefissata della mia vita. Amico mio, per essere davvero onesto con te, soffro tremendamente. Impossibile descrivere il mio dolore con le parole. Ti prego quindi di prendere in considerazione il mio avvertimento e di non bere l'acqua". Si dice che il ricco comprese la realtà della vita e che uscì dalla grotta senza bere l'acqua. Questa storia è una metafora che illustra come qualunque cosa esterna possa diventare fonte di dolore in qualsiasi momento. Persino una vita lunghissima non porrà fine alle vostre sofferenze perché un attaccamento non intelligente turberà inevitabilmente il vostro stato naturale di pace e di quiete.

Questo non vuol dire che non si debbano avere desideri né beni. Possiamo certamente averli senza però lasciare che ci possiedano. Questo è il segreto di una vita felice. Nel momento in cui cerchiamo di afferrare, di possedere qualcosa, saremo strappati dal centro e la sinfonia della nostra vita diventerà una nenia malinconica. Il compito di un *Satguru* è riportare la sinfonia e spianare la strada che ci porta allo stato di trascendenza. Affinché sia possibile, bisogna però permettergli di operare sulle nostre preferenze ed avversioni. Il Maestro è sempre pronto, ma se non glielo consentiamo non potrà iniziare a lavorare su di noi.

Ho sentito molte persone dire ad Amma: "Non ho mai avuto questo problema in passato, ma da quando ho iniziato a meditare compaiono tantissimi pensieri. Perché?". Perché prima non si era mai cercato di meditare e di mettere a tacere la mente. Meditare è come illuminare una stanza completamente buia: quando accendiamo una lampada, tutto quello che si trova nella stanza diventa visibile. Allo stesso modo, quando la meditazione mette a tacere la mente, vediamo le emozioni negative dormienti. La meditazione non crea nuovi pensieri ed emozioni, ci aiuta solo a vedere ciò che c'è sempre stato.

La guida diretta e la presenza divina di un *Satguru* ci donano l'intuizione di cogliere maggiormente i vari aspetti della *sadhana*, compresa la quanto mai necessaria flessibilità nello svolgere le proprie pratiche, a prescindere dal momento e dal luogo in cui siamo.

Alcune persone dicono: "Riesco a meditare solo se sono in una foresta o in una caverna dell'Himalaya". Anche questa è una forma di attaccamento, un ostacolo sul cammino verso la realizzazione di Dio. Permettetemi questa citazione di Amma: "Poco importa dove vi troviate: dovreste riuscire sempre a meditare. Tutte le 24 ore dovrebbero essere perfettamente sotto il vostro controllo".

La natura del nostro Sé interiore è pace e silenzio, ma la mente si oppone a questo stato. È nella natura della mente creare turbolenza e disarmonia, con il risultato che, appena cerchiamo di ritornare a uno stato di pace, la mente interferisce facendo irrompere i pensieri e le emozioni. La turbolenza non fa parte della natura del Sé. Anche la natura dell'acqua è così: pensate all'acqua quando bolle. Per sua natura, l'acqua è immobile. Quando bolle è come se fosse agitata, desiderosa di tornare al suo stato originario.

In sostanza, l'agitazione della mente non è prodotta da un oggetto, una persona o una situazione, e neppure da un vincolo fisico o psicologico. Nessuno di questi fattori è in grado di produrre dolore. Non ci sentiamo forse tristi o affranti per un fatto avvenuto in un luogo lontano, forse all'altro capo del mondo, un disastro che ha colpito un Paese o un gruppo di persone? Abbiamo qualche legame fisico con tutto ciò? No. Dunque, non è la relazione in sé a produrre tristezza e dolore. È la nostra percezione errata del mondo e dei suoi oggetti a causarli.

Il mondo è un flusso costante. Il cambiamento è una legge inevitabile e quindi l'attaccamento a qualcosa o a qualcuno verrà presto sostituito dall'avversione. Quando amate qualcosa o qualcuno, l'avversione vi attende dietro l'angolo, pronta a subentrare. Ecco perché i nostri grandi *rishi* ci consigliarono di andare al di là delle emozioni e di centrarci nel nostro Essere, il nostro vero Sé.

Poco prima che iniziasse la guerra di Kurukshe-tra, Arjuna fu benedetto dalla grande e inaudita fortuna di vedere la forma cosmica del Signore Krishna. Immaginate la beatitudine di quel momento! Quella visione straordinaria e sublime fu la risposta di Dio a una situazione unica. Quel

momento ultraterreno portò Arjuna a un sublime
stato di assoluta meraviglia e paura che alla fine lo
indusse a chiedere perdono al Signore per gli errori
commessi e ad abbandonarsi totalmente a Lui.

> *yaccāvahāsārtham asat-kṛtō'si*
> *vihāra-śayyāsana-bhōjanēṣu*
> *ekō'tha vāpy acyuta tat-samakṣam*
> *tat kṣāmayē tvām aham apramēyam*

E se mi sono rivolto a Te scherzosamente,
mancandoTi di rispetto mentre giocavamo,
riposavamo, sedevamo, mangiavamo da soli
o con altri – per tutto questo, Ti supplico di
perdonarmi. (*Bhagavad Gita*, 11.42)

In quel momento, Arjuna non vide il Krishna che
era stato suo auriga fino a qualche attimo prima e
che aveva considerato come suo pari, l'amico con
cui ridere, giocare, chiacchierare, comportarsi
in modo confidenziale e bisticciare, come si fa
quando si è amici. In quel momento benedetto,
Arjuna vide dinanzi a sé l'Onnipotente in forma
umana. Il capitolo 11 della *Bhagavad Gita* descrive
con raffinatezza questo prodigio straordinario:
"Dalle innumerevoli bocche e occhi e dagli
svariati e meravigliosi aspetti, riccamente ornato di

gioielli celesti, dalle molteplici armi divine pronte a colpire…" (B.G. 11,10)

Era come se la natura stesse parlando in innumerevoli lingue e ogni atomo, ogni filo d'erba stesse rivolgendosi come una sola voce ad Arjuna. Attraverso tutte queste lingue, Arjuna fu in grado di cogliere il segreto del *dharma*.

Vishva-rupa darshan (la visione della forma cosmica) rappresenta il dialogo di Dio con l'uomo, un messaggio che proviene dalla totalità delle forze cosmiche, e il consiglio che il Guru universale impartisce al discepolo. Per capire il significato delle parole dei grandi Guru, la sola conoscenza del sanscrito non basta: si deve andare oltre le parole. Ogni loro parola, punto, virgola, punto e virgola, merita di essere meditata perché impregnata del loro respiro santificante.

Il termine "forza gravitazionale" viene generalmente utilizzato per indicare il potere di attrazione della Terra. Sebbene la Terra non faccia nulla in particolare, ogni cosa è attratta verso di lei. Ciò che si sperimenta alla presenza del *Satguru* è qualcosa di simile, ovvero si è attirati dalla sua natura onnipervadente. Si tratta di un richiamo indescrivibile, invisibile, profondo e affascinante.

Il Guru conduce il discepolo verso la fonte mistica del potere infinito dell'universo. Per questo motivo, i suoi metodi di insegnamento possono non conformarsi alla conoscenza e alla logica comuni. Il discepolo deve possedere la maturità di recepire gli insegnamenti, libero da preconcetti. Il Guru stravolgerà le sue nozioni e credenze, gli manderà in frantumi le idee sul mondo, sulla vita e sulle relazioni. A volte, in questo processo di ri-creazione si potrebbe avere l'impressione che la compassione del Guru sia spietata!

Gli insegnanti non sono a volte severi con gli studenti se desiderano sinceramente che essi studino bene, abbiano un futuro brillante, raggiungano una buona posizione e compiano i propri doveri con un atteggiamento di abbandono? La severità è solo una maschera che nasconde l'amore profondo dell'insegnante e le sue premure per lo studente. Se non riusciamo a riconoscere le intenzioni sincere persino dei comuni maestri che insegnano le materie scolastiche, come possiamo capire il modus operandi di un *Satguru* che cerca di rendere idoneo il discepolo a realizzare il Sé supremo?

Come il cielo immenso, così, anche il *Satguru* è pura presenza. Con lui, l'insegnamento non avviene utilizzando pressioni o la forza. Nulla accade senza il pieno consenso, la totale ricettività e l'abbandono del discepolo.

Realizzare il Sé è l'apice della beatitudine. Una volta immersi in quell'oceano di *sat-chit-ananda* non c'è ritorno. In quello stato non duale si potrebbe non avvertire amore e compassione né per il mondo né per le persone. Però alcune anime rare ritornano, come la nostra amata Amma che per natura è un oceano di compassione. Ritornano per elevare il mondo, aiutare i sofferenti e guidare chi è alla ricerca della Verità. Fluiscono come un Gange d'amore e di compassione. Vivono tra le persone comuni come se fossero loro simili, operando però con grande maestria. Tali anime sono i *Satguru*, le incarnazioni divine.

Anche quando la terra è bagnata dalla luce della luna, persino quando quella luce dona ristoro al corpo e sollievo alla mente, l'uomo punta il dito sulle macchie che offuscano la perfezione della luna piena. Allo stesso modo, per ignoranza, anche noi troviamo difetti nell'immacolata presenza, purezza e luce divina del Guru, la luna piena.

Il Guru è l'incarnazione della pazienza e attenderà all'infinito che il discepolo apra il suo cuore. Tuttavia, chi desidera diventare discepolo deve avere una chiara comprensione della propria vita, di ciò che vuole veramente. "Qual è la mia vera strada? Ho la maturità e la saggezza per diventare un *sannyasi* (un asceta che ha rinunciato al mondo) subito dopo *brahmacharya* (fase della vita caratterizzata dagli studi spirituali)? Oppure il mio *dharma* è quello di creare una famiglia ed entrare in seguito nella fase di *vanaprastha*, in cui ci si ritira gradualmente dalle responsabilità terrene per poi condurre più tardi la vita del *sannyasi*? Chi si trova sul sentiero spirituale dovrebbe porsi dentro di sé, con sincerità, queste domande e trovare le risposte. Ricordo le parole del Signore Krishna nella *Bhagavad Gita*:

caturvidhā bhajantē mām janāḥ
sukṛtinō'rjuna
ārtō jijñāsur arthārthī jñānī ca
bharatarṣhabha

O Arjuna – il migliore tra gli uomini – vi sono quattro tipi di persone che Mi adorano: l'afflitto, chi aspira alla conoscenza, chi cerca la ricchezza e il saggio. (7.16).

Alcuni cercano l'aiuto di Dio solo quando si ammalano, devono sostenere degli esami, hanno problemi di soldi e così via. Costoro appartengono alla categoria degli *ārtha* (gli afflitti che cercano di realizzare i propri desideri). Poi ci sono quelli che studiano varie materie come la storia, la geografia, la musica e la letteratura e per curiosità potrebbero accostarsi fugacemente al tema di Dio. Questi devoti rientrano nella seconda categoria e sono chiamati *jijñāsu*: ricercatori della conoscenza. Successivamente vi sono gli *arthārthi*, che rincorrono la ricchezza, guadagnata però onestamente, perché il loro obiettivo è la liberazione spirituale. Al contrario delle altre tre categorie, gli *jnāni* (i saggi) desiderano unicamente conoscere Dio.

Prima di prepararsi a diventare discepoli, sarebbe bene contemplare il consiglio che il Signore Krishna diede ad Arjuna. Ci si dovrebbe chiedere: "A quale di queste categorie appartengo?" e trovare la risposta. Il Signore non è parziale nei confronti di nessuno di questi quattro gruppi. Detto questo, lo *jnani* è più vicino a Dio in virtù dei suoi pensieri, delle sue azioni e del suo atteggiamento.

In effetti il Signore Krishna non era parziale nei confronti dei Pandava né aveva pregiudizi contro i Kaurava. Pensarlo sarebbe un errore. Il Signore, che era un *Satguru* e aveva una visione equanime, era al di là delle preferenze e delle avversioni. Nella Sua mente universale, l'amico e il nemico, il nobile o l'ignobile, occupavano tutti lo stesso posto. Non ci può essere una distinzione in tal senso perché l'intero cosmo esiste nel *maha-akash*, nel grande spazio che è la vera natura del *Satguru*. L'universo nasce da quell'infinità, esiste e infine si dissolve in essa.

I Pandava presero rifugio nel Signore Krishna. Persino durante la guerra del *Mahabharata*, la loro unica richiesta fu che il Signore Krishna stesse dalla loro parte, anche se disarmato. Anche se il Signore non aveva nemici, i Kaurava lo videro come tale. Krishna non poteva essere biasimato per questo: era un problema delle menti e degli atteggiamenti dei Kaurava. Se il Signore fosse stato prevenuto nei loro confronti, gli avrebbe dato il proprio esercito Narayani composto da milioni di valorosi cavalieri? È mai accaduto qualcosa del genere nella storia del mondo?

Essendoci incarnati, dobbiamo vivere in questo mondo e questo vale anche per i *Satguru*. Tuttavia, il loro livello di consapevolezza trascende l'intero universo. Il Signore Krishna onorò con la Sua presenza questa Terra 5.000 anni fa, mentre Amma vive qui con noi, ora. Potranno trascorrere secoli, ma la fonte da cui proviene il livello di consapevolezza nella quale dimorano i *Satguru* e le parole che pronunciano è una sola. Amma è stabilita nello stesso supremo livello di consapevolezza in cui risiedeva il Signore Krishna.

Proprio come il Signore Krishna, anche lei è scesa in questo mondo dal piano più alto di consapevolezza, spinta unicamente dalla sua infinita compassione per i sofferenti e per i ricercatori spirituali che hanno come unico scopo della loro vita realizzare Dio. La sola ragione per la quale queste Grandi Anime assumono una forma umana, operano in mezzo a noi e sono la nostra incredibile fonte di ispirazione, è la loro infinita compassione. Non c'è altra spiegazione.

Quando *sat-chit-ananda* assume una forma umana, scende sulla Terra e scorre come il Gange d'immortalità (*Amrita*). Alcuni nuoteranno nelle sue acque, certi si bagneranno, altri ne berranno un sorso e altri ancora vi sputeranno. Questi diversi comportamenti dipendono dal livello di discernimento e di rettitudine di ognuno. Non che al fiume importi: il fiume può solo scorrere e continuerà a scorrere. Nessuno può fermare quel flusso perenne che da Amritapuri scorre verso il resto del mondo. Vivere con Amma è come vivere con Dio…

13 | GRAZIA TORRENZIALE

"Anche se il sole è lassù in cielo, i fiori di loto continuano a sbocciare sulla Terra. In modo simile, dove c'è amore, la distanza non è una barriera". Queste sono parole di Amma. Quelli che dimorano solo nel mondo della logica e dell'intelletto troveranno difficile cogliere la profondità di questa analogia. L'aprirsi del loto del cuore, lo sperimentare la sua bellezza e il suo profumo ultraterreni non sono sconosciuti al cuore di chi ha sperimentato la pioggia del puro amore. La mia vita è stata un susseguirsi interminabile di tali esperienze meravigliose.

Lasciate che ne condivida una, accaduta nel 2017, alla fine del tour di Amma in Giappone e in Nord America. Sia in India che negli altri Paesi, Amma viaggia su strada per spostarsi da un luogo all'altro, accompagnata da un convoglio di autobus con centinaia di devoti. La tappa successiva era Toronto, in Canada, e nel programma di quattro giorni avremmo celebrato Guru Purnima. Al termine, Amma e il gruppo del tour sarebbero tornati in India. Molti devoti sarebbero arrivati a

Toronto per Guru Purnima da varie parti degli
Stati Uniti e del Canada.

In qualsiasi parte del mondo ci troviamo,
c'è una sosta serale per il tè e la cena. Questa
costante nei tour di Amma è nota come "*chai stop*".
Nei viaggi attraverso l'India, tali soste possono
avvenire ovunque: in luoghi solitari o parchi,
lungo i lati della strada o vicino a un distributore
di benzina, nei campi o nelle aree gioco. In
Occidente hanno luogo in aree predefinite, come
i parchi pubblici. Durante tali fermate, Amma
siede con i suoi figli. Per prima cosa si medita,
poi ci sono i canti devozionali, una sessione di
domande e risposte e le preghiere per la pace nel

mondo. Molto spesso Amma chiede ai bambini che viaggiano con il gruppo di raccontare storie e agli adulti di parlare su un determinato tema. Infine Amma distribuisce il cibo a tutti.

Dopo il programma a Washington DC, Amma e la carovana di autobus partirono per Toronto. Le cascate del Niagara sono a dieci minuti dal confine con il Canada. Quell'anno facemmo il *"chai stop"* in un parco vicinissimo alle cascate del Niagara. Da un lato si trovavano le cascate, una delle meraviglie del mondo, e dall'altro la presenza gloriosa di quella meraviglia conosciuta come Amma. Le Scritture dicono che un Maestro che ha realizzato il Sé è il miracolo più grande.

Dopo il *"chai stop"*, il gruppo del tour partì per il confine canadese. Proprio mentre il veicolo di Amma stava per dirigersi verso la frontiera, a un tratto, senza un motivo evidente, lei disse: "Fermate la macchina. Partiremo tra un po'". A queste parole, provai una certa apprensione.

"Cosa c'è, Amma?" chiesi.

"Oh, nulla!" rispose.

Il tono della sua voce sembrava alludere a qualcosa. Uscii dall'auto. La mia mente cominciò a domandarsi: "Perché Amma ci ha chiesto di fermarci?". In quel frangente, non riuscivo a trovare alcuna ragione e così smisi di cercare una spiegazione. Per esperienza, so che solo Amma è capace di capire il significato delle sue parole ed azioni, soprattutto in momenti come questi, quando chiede di fermare l'auto per nessun motivo apparente.

Mentre me ne stavo lì, ebbi la sensazione di dover tirare fuori il passaporto in cui c'era il mio visto canadese e altri documenti necessari per passare i controlli d'immigrazione. Poiché il visto canadese si trovava nel passaporto nuovo e i visti per gli altri Paesi in quelli vecchi, i passaporti vecchi erano stati allegati a quello nuovo.

Per trovare più facilmente il visto per ogni Paese, avevo attaccato alcune linguette adesive di diversi colori sulle pagine dei vari visti. Andai alla pagina del visto canadese e nel controllare mi accorsi che era scaduto a maggio di quell'anno, due mesi prima. All'inizio pensai di aver inserito la linguetta nella pagina sbagliata. Dopotutto era già luglio. Scorsi ogni pagina dei tre passaporti legati assieme. Tutti i miei visti canadesi erano scaduti gli anni precedenti. Controllai e ricontrollai senza scoprire un visto valido.

Anche i devoti che viaggiavano con noi esaminarono con attenzione i miei passaporti. Alla fine fu chiaro che non avevo un visto valido: non potevo entrare in Canada.

Il compito di ottenere i visti per i *sannyasi* che viaggiano con Amma spetta a un determinato *brahmachari*. In tutti quegli anni non era mai sorto nessun problema. Quando lo chiamai per chiedergli cosa fosse accaduto, era terribilmente dispiaciuto e perplesso, non avendo idea di come fosse potuto accadere.

Quando mi fu chiaro come stavano veramente le cose, il mio primo pensiero fu: "Non potrò compiere la *pada puja*, l'adorazione dei piedi di Amma, a Guru Purnima… Questa pratica che svolgevo da più di trent'anni si sarebbe interrotta…".

Informai Amma, seduta in macchina, che non avevo il visto. "Figlio…". Quello fu tutto ciò che disse. La sua voce esprimeva tutte le preoccupazioni di una madre. Poi, lentamente, aggiunse: "Amma sentiva che c'era qualcosa che non andava, ecco perché ha chiesto improvvisamente di fermare la macchina". Nessuno disse nulla. "Cosa farai?", mi chiese.

La mia mente era annebbiata. Scuri nuvoloni di dolore cominciarono a riempire il mio cuore in attesa di esplodere. La guardai negli occhi. "Amma comprende il cuore di suo figlio". Questo è ciò che trasmettevano quegli occhi.

A quel punto, Gautam Harvey, un americano che risiede ad Amritapuri, disse: "Proviamo comunque. Diciamo tutto al funzionario addetto al controllo passaporti. Chissà, magari troverà una soluzione".

Chiesi ad Amma il permesso di andare avanti. "Prova". C'era un'ombra di dubbio nelle parole di Amma e nell'espressione del suo volto.

"Non aspettiamoci nulla. Tentiamo comunque la fortuna" suggerì Gautam.

Ci spostammo su un'altra auto. Mentre guardavo quella di Amma allontanarsi, sentivo che le lacrime che avevo trattenuto sarebbero presto sgorgate. Soffocando il dolore, salii rapidamente in macchina. In poco tempo raggiungemmo l'Ufficio Immigrazione canadese della frontiera e spiegammo la situazione. Ovviamente mi fu negato il visto e intimato di tornare negli Stati Uniti.

Vicino al confine canadese si trova la città di Buffalo. Bharat Jayaram, un professore dell'università di Buffalo, è un grande devoto di Amma. Decidemmo di pernottare da lui. Quando arrivammo a casa sua era l'una di notte passata e Bharat ci invitò a mangiare. Ero ancora scosso per lo shock di quanto era accaduto. Da trent'anni svolgevo la *pada puja* ad Amma nel giorno di Guru Purnima. Non ne avevo mancata una, ma adesso questa tradizione si sarebbe interrotta. Con quel dolore che divampava in me come fiamme infernali ruggenti, come avrei potuto pensare di placare i morsi della fame?

Coloro che conoscevano le leggi sull'immigrazione erano del parere che difficilmente avrei avuto un visto canadese in un paio di giorni, tuttavia convennero che non ci fosse nulla di male nell'inoltrare la richiesta direttamente al consolato canadese di New York. Anche Amma mi disse di fare lo stesso. Decisi di prendere il primo volo per New York. Sneha (Karen Moawad), che collabora con i Programmi Internazionali dell'Amrita University, accettò di volare a New York per cercare di darmi una mano.

Quando andai a dormire erano già le due passate. Ero caduto in uno stato di disperazione e non riuscivo a smettere di piangere. La mia adorata Amma si trovava già a Toronto. L'obiettivo di ottenere un visto sembrava irrealizzabile, soprattutto perché stava per iniziare il fine settimana, ma sapevo di dover fare qualche tentativo se volevo che la grazia di Amma fluisse.

Acquistammo i biglietti per l'aeroporto La Guardia invece del JFK per raggiungere più velocemente Manhattan in auto una volta atterrati. Avremmo impiegato 30 minuti dall'aeroporto al Consolato canadese. Tuttavia, persino allora, la sorte non era dalla nostra parte. A causa del maltempo a New York, il volo che avrebbe dovuto decollare da Buffalo alle nove del mattino subì un ritardo e partì dopo mezzogiorno e mezzo. Arrivammo al consolato dopo le tre del pomeriggio del venerdì, e il venerdì il consolato chiude proprio alle tre. La mia ultima possibilità di ottenere un visto era sfumata.

Il consolato avrebbe riaperto il lunedì seguente. A quel punto i programmi di Amma in Canada sarebbero quasi giunti alla fine. Mentre Sneha e io eravamo davanti alle porte del consolato chiedendoci cosa fare, un gentile funzionario incaricato della sicurezza ci disse, desideroso di aiutarci, di recarci all'agenzia per i visti che si trovava in città e che rimaneva aperta fino alle cinque. Saltammo in una macchina presa a noleggio e andammo velocemente all'agenzia. Tuttavia l'agenzia dei visti non poteva prometterci che sarebbe riuscita a restituirmi il passaporto prima del volo per l'India, così decisi di non chiedere loro il visto canadese.

Il mio obiettivo principale era entrare in Canada per essere con Amma per Guru Purnima, o almeno di poter volare a Toronto il martedì per prendere l'aereo per l'India assieme a lei.

Era ovvio che restare a New York durante il fine settimana non aveva molto senso, ma avendo perso l'ultimo volo per Buffalo, trascorremmo lì la notte. Non riuscii a chiudere occhio nemmeno per un secondo. Alle due e mezza del mattino squillò il telefono: era Amma. Senza preamboli disse: "Figlio, ritorna a Buffalo domani mattina. Gautam ti aspetterà per accompagnarti al confine canadese. Prova ancora una volta. Dopotutto dovremmo fare ogni tentativo, non credi? Il resto è nelle mani di Dio". Amma aveva chiamato mentre stava dando il darshan. Le sue parole mi ricordarono il famoso verso della *Bhagavad Gita*.

karmaṇy-ēvādhikāras tē mā phalēṣu kadācana
mā karma-phala-hētur bhūr mā tē sango'stvakarmaṇi

Sei libero d'agire, ma non puoi controllare l'esito del tuo operato.
Non dovresti essere la causa del risultato delle azioni,
né astenerti dall'agire. (2.47)

Gautam mi chiamò e mi spiegò che avremmo cercato di ottenere un permesso di residenza temporaneo per entrare in Canada. In alcuni rari casi il funzionario dell'Ufficio Immigrazione ha l'autorità di emettere tale permesso. Mi ricordò che Amma ci aveva autorizzato a procedere in questo modo.

Nel frattempo Gautam riuscì a raccogliere, aiutato dal gruppo dell'ufficio informazioni del tour, materiale informativo su Amma e sul mio ruolo all'Amrita University e in Embracing the World. Così, Sneha e io ritornammo in volo a

Buffalo per tentare di passare da un altro posto di frontiera.

Partimmo al mattino presto per Buffalo. Gautam ci stava già aspettando da Bharat Jayaram. Alle dieci ci dirigemmo in auto verso il Peace Bridge sul confine canadese e imboccammo una delle tre corsie che conduce allo sportello dell'Agenzia Canadese dei Servizi Transfrontalieri. Il funzionario mi chiese il passaporto. Mentre esaminava i miei documenti, mi chiese gentilmente: "Perché le è stato negato un visto due giorni fa?". Mentre spiegavo con grande sincerità cos'era successo, Gautam aggiunse che adesso avevamo ulteriori documenti e chiese se ci fosse qualche possibilità di ottenere un visto temporaneo. Il funzionario diede un'occhiata all'interno dell'auto, mi guardò e sorrise. Poi con calma e gentilezza disse: "Non dico che sia impossibile ottenere un visto temporaneo, però ci sono molte regole legate alla sua emissione. Sarebbe necessario produrre molta documentazione. È veramente difficile ottenere un simile visto".

Ero sbalordito dal suo tono gentile e dai suoi modi cortesi. Ci disse di andare nell'edificio vicino e di presentarci all'Ufficio Immigrazione.

Trovammo molte persone che stavano aspettando un permesso per entrare in Canada. Mi unii a loro e attesi il mio turno pregando.

Tra quelli a cui era stato negato un visto c'erano un padre con la figlia. Il padre stava cercando di portare con lui in Canada la figlia di otto anni. Era divorziato. Il funzionario dell'immigrazione gli spiegò con molta chiarezza che, sebbene fosse sua figlia, non avrebbe ricevuto il visto senza una lettera della madre della bambina. Il padre sembrava sconvolto e la bambina non capiva cosa stesse succedendo.

Una madre con due bambini stava dormendo su una panchina. Erano rifugiati. Un funzionario dell'immigrazione portò loro del cibo.

Sembrava che nell'attesa il tempo non passasse mai. Dopo un po', annunciarono il mio nome. Consegnai umilmente il passaporto e gli altri documenti al funzionario. Aveva un'espressione severa. Guardando a malapena i documenti disse bruscamente: "Lei sa bene che occorre un visto per viaggiare negli Stati Uniti. Non sapeva di avere bisogno di un visto d'ingresso anche per il Canada? Perché non ne ha ottenuto uno? Non m'importa chi è lei e quanto sia importante".

Sfortunatamente questo funzionario era l'opposto di quello gentile che si trovava all'esterno. "Ha avuto il tempo per ottenere il visto per gli Stati Uniti, ma non si è preoccupato di ottenerne uno per il Canada. Se il programma di Toronto può svolgersi senza di lei, non le concederò il visto", disse categoricamente. Alla fine, quando gli dissi che per 32 anni avevo presenziato a Guru Purnima e che probabilmente la cerimonia non ci sarebbe stata se non l'avessi eseguita, alzò le braccia e disse che avrebbe passato il caso a qualcun altro.

Le cose si stavano complicando, sembrava non ci fosse alcuna speranza.

Continuammo ad attendere. Dopo qualche minuto arrivò un altro funzionario che si sedette accanto al primo. Chiamò il mio nome e, quando mi presentai, rimasi piacevolmente sorpreso: si trattava del funzionario cortese che avevamo incontrato allo sportello all'esterno! Gli mostrai tutta la mia documentazione. Impiegò l'ora seguente a controllare scrupolosamente ogni foglio mentre noi aspettavamo ansiosi, pregando costantemente Amma.

"Signor Puri!" Quando sentii pronunciare il mio nome mi recai allo sportello. Cosa stava per dirmi? Lo guardai trepidante. "Le darò un visto temporaneo, ma solo per questa volta". Sorrise. Non potevo credere alle mie orecchie, ma il mio cuore sussurrò: "Grazia... la grazia infinita di Amma!". Non solo mi accordò un visto temporaneo, ma lo estese di un giorno nel caso il nostro volo dal Canada fosse ritardato. Sapevamo che era Amma che stava operando attraverso di lui.

Tutti noi quattro ringraziammo profusamente e personalmente quel funzionario gentile. Mentre i nostri cuori esultavano, i nostri occhi traboccavano di lacrime.

Quante esperienze simili ci sono state, impossibili da analizzare o da spiegare! Dopo esserci allontanati dalle Cascate del Niagara, Amma ci aveva chiesto di fermare l'auto senza accennare a nessuna ragione apparente. Se non l'avesse fatto, sarei giunto alla frontiera con l'errata convinzione di avere un visto valido. Quando Amma disse di fermarci, controllai il mio passaporto. Cosa sarebbe successo se fosse stato controllato in seguito, all'Ufficio Immigrazione? Avrei potuto persino essere arrestato per avere cercato "d'ingannare" l'Ufficio Immigrazione!

Alcune persone si sono chieste: "Amma non avrebbe potuto farti scoprire che non avevi un visto valido molto prima che tutto questo accadesse?". Non è un dubbio infondato. Il Signore Krishna sapeva da sempre che era inevitabile la guerra di Kurukshetra, giusto? Perché allora non disse ad Arjuna che la guerra sarebbe avvenuta comunque, malgrado i tentativi d'impedirla da parte di Krishna e dei Pandava?

In tutte le esperienze della vita, non solo in questo mio caso, non possiamo ignorare due fattori: il limite dell'intelletto umano e le vie imperscrutabili dell'universo. La ragione e l'intelligenza sono necessarie, ma non sempre la vita si rivela alla comprensione umana. Alcune cose resteranno sempre un mistero. Per capire e apprezzare anche una minuscola parte della grandezza e della complessità del funzionamento dell'universo, sono necessari l'amore e la fede.

L'intelligenza può spiegare molte cose, ciò nonostante l'essenza che fa da substrato alla vita rimane un mistero. Forse è per questo che Albert Einstein dichiarò: "La cosa più bella che possiamo sperimentare è il mistero. È la fonte di ogni vera arte e ogni vera scienza. Colui che non conosce l'emozione, che non riesce a fermarsi, colto dallo stupore e da un timore reverenziale, è come morto: i suoi occhi sono spenti".

Nel capitolo 11 della *Bhagavad Gita*, il Signore Krishna rivela la Sua forma cosmica ad Arjuna. Il guerriero contempla l'intero universo, gli esseri animati e inanimati, l'intero sistema solare, le galassie, il paradiso e l'inferno nel corpo del Signore. Il messaggio che la forma cosmica vuole esprimere è che l'individuo non ha un'esistenza separata dalla totalità.

Chi può portare alla luce i segreti che il potere universale indivisibile ha nascosto in noi sotto forma di seme?

Amma dice che "possiamo risolvere alcune situazioni, ma che altre non possono essere migliorate malgrado gli sforzi. Dobbiamo impegnarci al massimo quando abbiamo la possibilità di risolvere una situazione ed accettare le situazioni che non ci offrono tale possibilità. Per esempio, una persona che sta cercando di aggiungere quindici centimetri alla propria altezza, probabilmente non riuscirà nel suo tentativo, anche se rimane appesa a testa in giù per tutto il giorno o assume molte vitamine. In questo caso, l'unica sua scelta è accettare ed essere contento di ciò che è. Ci sono tuttavia delle situazioni come il non superare un colloquio di lavoro, in cui si può riprovare e riprovare finché non si ottiene un impiego".

È già predeterminato che alcuni eventi accadranno nella vita di un individuo, che si dovranno vivere certe esperienze. Sono segreti annidati nel cuore dell'universo. Nessuna forza può mutare questo stato di cose. Nessuno può alterare degli eventi prestabiliti, ma se si ha la protezione di un'incarnazione divina o di un *Satguru* che è tutt'uno con il potere dell'universo, "ciò che avrebbe dovuto colpire l'occhio, potrebbe invece sfiorare il sopracciglio".

Karna, il sublime arciere, aveva scoccato una freccia destinata a colpire il collo di Arjuna. Il Signore Krishna fece abbassare con l'alluce il carro, e la freccia scalzò la corona di Arjuna invece di colpire il suo collo.

Amma dimora nello stesso stato in cui risiedono stabilmente Krishna, Rama e Buddha. Un giorno Ramakrishna Paramahamsa disse a Swami Vivekananda: "Naren (Narendranath era il nome di Swami Vivekananda prima che prendesse i voti di *sannyasa*), Colui che era Rama, Colui che era Krishna, ha assunto un'unica forma e vive in questo corpo come Ramakrishna".

Pertanto, se qualcuno chiedesse: "Dove sono Krishna, Rama e Buddha?", affermerei categoricamente, senza il minimo dubbio: "Essi dimorano qui, ad Amritapuri, nella forma di Amma, Colei che vede nei cuori degli esseri umani".

La Grazia divina è una manifestazione del libero arbitrio cosmico in azione; può modificare il corso degli eventi in modo misterioso attraverso le sue leggi ignote, superiori a tutte le leggi naturali, e può alterarlo interagendo con esse. La Grazia è la forza più potente dell'universo che discende e agisce solo quando è invocata con totale abbandono. Agisce dall'interno, perché Dio dimora nel cuore di tutti gli esseri. Il suo sussurro può essere udito solo da una mente purificata dall'abbandono di sé e dalla preghiera.

Si dice che il saggio Narada chiese al Signore Vishnu quale fosse la *sadhana* più semplice da svolgere quando fosse arrivato il Kali Yuga.

> *nāham vasāmi vaikuṇṭhe yōgināṃ hṛdayē na ca madbhaktā yatra gāyanti tatra tiṣṭhāmi nārada*

> Non risiedo a *Vaikuntha* (la dimora del Signore Vishnu), né dimoro nel cuore degli yogi, o Narada. Mi trovo dove cantano i Miei devoti.

I razionalisti ci ridono sopra e gli atei esprimono il loro disprezzo, tuttavia esiste: la Grazia divina è la discesa di Dio nello spazio di consapevolezza dell'anima.

14 | VENITE PRESTO, CARI FIGLI!

Uno dei numerosi problemi e limiti che noi esseri umani abbiamo è la capacità di percepire ogni cosa solo dal punto di vista di un comune essere umano, persino quando vediamo Dio. Ogni qualvolta parliamo di Lui o di Lei, diciamo che è il potere infinito, onnisciente, eterno e onnipresente. Alcuni Lo giudicano parziale, crudele, la causa di tutto il dolore e la sofferenza, personale e collettiva. La mente è così: può solo dubitare. Dubitare è la sua stessa natura.

I nostri organi di percezione e d'azione hanno un'infinità di limiti, ciò nonostante mettiamo in

discussione persino Dio, la realtà trascendente. Krishna, Rama e Buddha erano tutti grandi maestri spirituali sempre in comunione con Dio, incarnazioni dell'amore incondizionato, dell'onniscienza e della bellezza del Divino. Tuttavia le persone non risparmiarono critiche neppure a loro. Adesso, con noi c'è Amma. Persino mentre guardiamo la *pada puja*, recitiamo l'*archana*, meditiamo su di lei o siamo alla sua divina presenza, la nostra mente solleva domande e dubbi. Perché? Perché la nostra comprensione limitata ci fa costantemente dimenticare la natura infinita di Amma. L'incantevole aspetto fisico dei grandi maestri è un velo che copre la loro essenza: *sat-chit-ananda*.

Per natura, gli esseri umani cercano risultati immediati. Se qualcuno reclamizza "Illuminazione in dieci giorni" o "Risveglio istantaneo della *kundalini*" prendiamo l'occasione al volo. Non ci importa spendere centinaia, persino migliaia di dollari, per raggiungere una simile "illuminazione" o "risveglio". Tale comportamento mostra la mancanza di buon senso. Siamo molto bravi a pianificare e a gestire ogni cosa nella vita, che siano grandi imprese o attività abituali quali preparare la colazione, il pranzo, la cena, organizzare le uscite, le vacanze e così via, ma agiamo in modo non intelligente quando si tratta della spiritualità e delle pratiche spirituali. Non prestiamo ascolto a quanto dicono le Scritture, i saggi e i veggenti!

Se l'illuminazione e una felicità illimitata fossero facilmente raggiungibili, perché i grandi santi e i saggi, i quali ci hanno trasmesso Scritture profonde che racchiudono l'esperienza suprema della realizzazione di Dio, si sarebbero presi il disturbo di praticare rigorose austerità per anni? Buddha era stato un folle a rinunciare ai piaceri regali per conseguire il *nirvana*? Le estenuanti pratiche ascetiche di Ramana Maharshi nel *Pathala Lingam*, in una cripta sotterranea, erano prive di significato? L'ardente desiderio di Sri Ramakrishna e le sue incessanti preghiere a Madre Kali non erano che un dramma privo di senso?

Che dire degli anni di meditazione intensa, delle preghiere, dei canti, della rinuncia al cibo e al sonno di Amma quand'era ragazzina? Persino Sri Krishna e Sri Rama meditarono, osservarono voti e svolsero pratiche spirituali. Alla luce di tutto ciò, di quale sorta di "illuminazione istantanea e risveglio della *kundalini*" parlano certi guru autoproclamati?

Amma garantisce la realizzazione del Sé in tre anni, forse persino in un tempo minore, a condizione che si seguano scrupolosamente, immancabilmente e con totale fiducia le sue istruzioni. Ma è necessario lo sforzo. Alla fine, però, comprenderemo che neppure lo sforzo era necessario perché, in primo luogo, non siamo mai stati separati da Dio.

L'unico intento di Amma è sgretolare il muro che ci siamo costruiti interiormente. L'ego ci sta a cuore, gli siamo molto affezionati. Un *Satguru* come Amma ama farlo a pezzi e cerca costantemente di creare almeno una crepa nell'ego. Se questa appare, Amma sa che l'amore e la luce possono entrare da lì e l'intero processo di rivelazione del Sé diventa facile.

Continuiamo a vivere attaccati alle nostre idee sulla vita, l'amore, la conoscenza e così via. Incontrare un *Satguru* come Amma è intraprendere il cammino della purezza e della nostra trasformazione. È l'inizio del nostro viaggio interiore. Affinché abbia successo, dobbiamo abbandonare le nostre idee errate sulla vita, l'amore, il mondo, la conoscenza e tutte le informazioni che abbiamo raccolto. Amma dice amorevolmente ai suoi figli: "Cari figli miei, non avete bisogno di nulla dall'esterno. Non c'è nulla da ottenere, ma molto da rimuovere".

La legge che regola la buona riuscita nel mondo e quella che riguarda le realizzazioni spirituali sono diametralmente opposte. Il vostro successo nel mondo dipende dall'acquisizione e dall'accumulo di ricchezza. Più ottenete, più avete successo. Nella spiritualità, invece, perdere è la legge: dovete perdere il vostro ego e le negatività a cui è associato il cosiddetto velo che copre la verità dell'esistenza. Si deve perdere l'ignoranza (*ajnana*) per acquisire la vera conoscenza (*jnana*). In altre parole, ciò che non è il vero Sé (*asat*) dev'essere abbandonato per realizzare il vero Sé o *Atma* (*Sat*).

Persino per raggiungere obiettivi terreni bisogna sacrificare molte cose che ci sono care.

Per citare Amma: "Quando uno studente si prepara per gli esami finali, riuscirà a concentrarsi solo sugli studi ed ottenere buoni vuoti se saprà rinunciare all'abitudine di guardare la TV, andare al cinema, uscire con gli amici, giocare e divertirsi in altri modi. Persino nel mondo, è piuttosto normale rinunciare a qualcosa di minore importanza per uno scopo superiore. E cosa dire dello scopo ultimo, la realizzazione spirituale?".

Finora abbiamo vissuto dando valore ai numerosi oggetti che abbiamo accumulato nel mondo, considerandoli preziosi: erano il nostro vero tesoro. È necessario correggere questa percezione. Abbiamo bisogno di un intervento chirurgico urgente che rimuova l'*ajnana timiram,* la cataratta dell'ignoranza. Si tratta di un'operazione un po' dolorosa, ma se permettiamo ad Amma di spazzare via ciò che ci è inutile, il tesoro spirituale che si cela in noi verrà alla luce.

I guru che promettono l'illuminazione potrebbero lasciarvi tutto quello che abbellisce il vostro ego, i concetti errati che avete accumulato. La maggior parte delle persone è contenta di averli perché è ciò che desidera, sebbene non se ne renda conto. Quando sognate di soddisfare i vostri desideri e le vostre aspettative, è abbastanza naturale che finiate con un "maestro" che si mostra accondiscendente verso tutti i vostri desideri. Per contro, un vero maestro potrebbe non badare alle vostre aspettative, soprattutto se il vostro obiettivo è realizzare il Sé.

La sventura più grande è diventare preda di falsi guru quando si è alla ricerca della libertà. Le loro promesse vi legano ancor più delle pastoie create delle vostre concezioni errate sulla spiritualità e sul realizzare Dio.

Ricordate che potete scegliere qualsiasi cammino, ma se manca l'amore, nulla funzionerà. In qualunque tipo di yoga, che sia *bhakti, karma* o *jnana*, l'amore è l'elemento comune. Ecco perché Amma dice che "*bhakti* è l'amore che ha *jnana* come base". Se così non fosse, la nostra concezione di Amma e della spiritualità sarebbe scorretta. Questa era la differenza fondamentale tra le *gopi* e Radha: le *gopi* amavano Krishna, ma non conoscevano (*jnana*) la Sua natura onnipervadente. L'amore di Radha per Krishna si basava invece su un'incrollabile fede nella natura onnisciente del Signore.

Il nostro atteggiamento non dovrebbe essere: "Amma, resterò con te finché esaudisci i miei desideri, le mie aspettative e mi rendi felice, altrimenti me ne andrò".

Tale atteggiamento non ci aiuterà nel cammino. Non si può contrattare nella spiritualità, soprattutto con un *Satguru* come Amma. In questo sentiero, solo l'amore puro e l'abbandono scioglieranno tutti i misteri.

Nel 1983, quando Amma mi mandò a Tirupati, in Andhra Pradesh, per laurearmi in filosofia, ero fisicamente lontano da lei. La separazione fisica da Amma fu molto dolorosa. Un macigno pesava sul mio cuore. In treno, sedevo in un angolo per nascondere le lacrime. Tutti i passeggeri chiacchieravano allegri, ma il mio animo era affranto dal dolore del distacco. Per tutto il viaggio pensai solo ad Amma.

Quando arrivai, mi sforzai di concentrarmi sugli studi senza riuscirci. Mi sentivo come un pesce fuor d'acqua. Ogni oggetto, pezzo di carta, scatola di fiammiferi, lo spago usato per legare i pacchetti che avevo con me, l'odore di ogni cosa mi ricordava Amma. Dimenticai di mangiare e di dormire. Quando iniziarono gli esami finali, riuscii in qualche modo a fare le prove scritte. Fu allora che ricevetti una lettera dalla Madre. La lessi e la rilessi più volte, inzuppandola di lacrime.

Ecco cosa c'era scritto:

"Carissimo figlio, Amma è sempre con te;
Amma non sente che sei lontano da lei.
Figlio mio, Amma vede il tuo cuore che

si strugge; sente il tuo pianto. Figlio mio,
guarda gli alberi che danzano nella brezza,
ascolta il canto degli uccelli, contempla
l'immensità del cielo, osserva le stelle
luccicanti, le montagne, le valli, i fiumi.
Tutti quanti sono manifestazioni di Dio.
Nella creazione, ogni cosa è impregnata del
profumo di Dio. Vedi Amma in ogni cosa
intorno a te e sii felice…".

Quella notte sedevo fuori dalla mia stanza
guardando gli alberi e le piante. Il cielo era
costellato di stelle luccicanti e la luce argentea
della luna piena inondava tutta la terra. Mentre
le lacrime mi rigavano le guance, il cuore si librò.
Pensai: "Questa brezza può volare dalla mia
Amma, può essere così fortunata da accarezzare
il corpo della mia Amma. Anche la luna e le stelle
anelano di vedere Amma. Forse anche loro la
stanno cercando". Potevo sentire il suo profumo
nella brezza… Ovunque si percepiva la presenza
tangibile di Amma. In quel momento, affiorò
spontaneamente un canto:

> *tārā pathangaḷē tāzhōṭṭu pōrumō*
> *tārāṭṭu pāṭuvān ammayuṇḍu*

tīrātta snēhattin nīruravāṇavaḷ
tēṭum manassinu taṇaḷānavaḷ

O stelle, vi prego, potete scendere?
Amma è qui per cantarvi una ninna nanna.
Lei è un flusso d'amore infinito,
l'albero che offre ombra
alle menti impegnate nella ricerca.

Quando sgomberai la mia stanza dopo gli esami,
non riuscii a lasciarvi i giornali inutilizzabili usati
per avvolgere gli oggetti portati dall'ashram, un
pezzo rotto di un portasapone, le bottiglie vuote,
il rimasuglio di un bastoncino d'incenso bruciato,
lo spago usato per legare i pacchetti e altri oggetti
da scartare. Pensai: "Quanto ho sofferto per la
mia separazione da Amma! Forse anche queste
cose hanno condiviso tale sofferenza. Se le lascio
qui, gli si spezzerà il cuore". Non li vedevo come
oggetti inanimati. Li impacchettai quindi con
attenzione e li misi nella borsa. Amma mi aveva
dato un barlume di cosa fosse l'amore puro, lo
stato delle *gopi*, per così dire. Se solo fossi riuscito
a mantenere un tale stato mentale sarei diventato
la sua Radha, ovvero un tutt'uno con lei. Sono
certo che un giorno accadrà.

In sanscrito, la parola "*kataksha*" significa sguardo pieno di grazia. Nel *dhyana sloka* (versi di lode) Amma viene descritta come "*snigdhāpāngavilokinīm bhagavatīm*", ovvero "Colei i cui sguardi irradiano un amore irresistibile". Nel *Sri Lalita Sahasranama*, Devi è descritta come "*Katakshakinkaribhōta kamalākoti sevita*", ovvero "Colei che è assistita da dieci milioni di Lakshmi, soggiogate da una Sua semplice occhiata".

Troverete la parola "*kataksha*" in molti *bhajan* di Amma. La traduzione che più si avvicina al suo significato è "occhiata" e non "sguardo". Anche se utilizziamo comunemente il termine "occhiata" per indicare un modo in cui ci si guarda, in realtà l'occhiata è qualcosa che Dio e solo il Guru possono dare perché proviene da un livello completamente diverso.

Vi sono momenti in cui Amma lancia un'occhiata: non si tratta di un semplice sguardo. Si avverte la differenza. È una comunicazione segreta tra Amma e quella particolare persona. Nessun altro ne è consapevole. L'occhiata va guadagnata. Dobbiamo essere pronti a riceverla. Quando due persone s'innamorano, hanno un'esperienza fugace di questa occhiata. Non sarà intensa o trasformativa come quella del Guru, ma percepiscono qual è la differenza tra uno sguardo ed un'occhiata.

Per dirlo con le parole di Amma: "Quando il Guru lancia un'occhiata al discepolo, è come se quest'ultimo venisse avvolto dalla pura coscienza. La dimora eterna del Guru è il livello di coscienza più alto, lo stato di '*Shivoham*', ovvero 'Io sono *Shiva*'. Quando, da quella vetta, lancia occhiate compassionevoli all'allievo, situato a un livello inferiore dell'esistenza, è come se l'intero essere del discepolo gioisse in quel flusso ininterrotto di grazia torrenziale".

Talvolta facciamo questa esperienza quando incontriamo Amma per la prima volta. L'energia pura di quell'occhiata permane dentro di noi. Una volta pronti per una trasformazione totale, l'occhiata del Guru ci spingerà nella totalità dell'esistenza.

Amma dice: "La vera relazione Guru-discepolo è l'apice dell'amore e della reverenza". Quando il discepolo sviluppa un tale amore e una tale reverenza, la presenza stessa, persino il silenzio, del Maestro gli comunicano ogni cosa. Questo è il significato di Dakshinamurti[2].

Affinché accada, il discepolo deve possedere un'enorme pazienza. Il suo mantra dovrebbe essere: "Avere fiducia, essere preparati e attendere con pazienza". "La velocità emoziona, ma uccide" è un cartello che si vede lungo molte strade dell'India. Questo principio è valido non solo per la strada, ma anche per la vita. La conoscenza sorge in noi, ma come la gravidanza e il parto richiedono tanta pazienza, così occorre infinita pazienza affinché la conoscenza possa venire alla luce.

Quando il discepolo s'impegna a servire il Guru (*guru seva*), sviluppa un'identificazione con lui. Il corpo del Maestro è lo strumento attraverso il quale il discepolo scorge l'amore di Dio, la purezza, la compassione, la pazienza, il perdono, l'abnegazione e tutte le altre qualità divine. Il

---

[2] Il significato letterale di Dakshinamurti è "colui che è rivolto a sud". Dakshinamurti, una manifestazione del Signore Shiva, è considerato l'Adi Guru, il Guru primordiale. In genere viene descritto come un giovane seduto sotto un albero di baniano che impartisce in silenzio la saggezza suprema ai suoi discepoli.

corpo del Guru è difatti il corpo di Dio, pertanto, il *seva* al Guru è di fondamentale importanza.

Un discepolo totalmente abbandonato, persino quello che possiede un certo livello di discernimento, non chiederà nulla al Maestro. Non gli dirà neppure: "Benedicimi concedendomi l'illuminazione". La fede nel Maestro è la base su cui poggia la relazione Guru-discepolo. Il Guru onnisciente sa cosa impartire al discepolo e quando. Ecco perché quest'ultimo dovrebbe avere una fiducia completa in lui, compiere la propria *sadhana*, servire il Maestro in modo disinteressato e aspettare con amore e pazienza che la grazia del Maestro fluisca.

Il Guru è infinito. Anche la sua conoscenza è infinita. Un celebre verso ne esalta la gloria affermando: "Non occorre studiare ogni ramo della conoscenza poiché l'intera conoscenza e il suo significato si rivelano spontaneamente quando si ha la grazia del Guru. M'inchino umilmente ai piedi del Guru".

Sebbene alcuni di voi abbiano già ascoltato questa mia esperienza, vorrei condividerla di nuovo. Era il giorno di Guru Purnima. Molto tempo fa, all'inizio degli anni Ottanta, desideravo ardentemente suonare l'armonium mentre cantavo perché sentivo che avrebbe intensificato i miei sentimenti d'amore e di devozione. Feci innumerevoli tentativi. Ogni giorno mi esercitavo immancabilmente, ma riuscivo solo a suonare la scala maggiore e quella minore.

Un mattino, mentre sedevo nel tempio e stavo ripassando le solite scale, Amma venne verso di me e mi disse: "T'insegnerò io". Si sedette vicino a me e, come una maestra che insegna a scrivere l'alfabeto a un bambino, tenne affettuosamente le mie dita tra le sue e poi le premette una volta sui tasti dello strumento. Infine si alzò ed esclamò: "È sufficiente".

Pensai che si trattasse di un'altra delle sue burle, un altro episodio incantevole con la Madre. Non avrei mai immaginato che la mia unica "lezione", durata solo pochi secondi, avrebbe fatto miracoli.

Il giorno seguente vi fu una situazione in cui agii senza discernimento e quindi Amma mi rimproverò. Pensavo che il suo disappunto sarebbe finito con il rimprovero, ma pian piano mi resi conto che mi stava dando "il trattamento del silenzio". Se ricordo correttamente, non mi rivolse la parola per un paio di settimane. Inutile dire che ero profondamente addolorato, sebbene la "lezione" fosse alquanto necessaria affinché capissi l'errore commesso.

L'angoscia che provai interiormente m'ispirò a comporre un canto. Mentre scrivevo le parole, la melodia mi apparve nella mente. In poco tempo il testo era stato scritto e musicato. A quel punto provai il vivo desiderio di suonarlo all'armonium. Avevo come la sensazione che qualcuno mi dicesse di farlo. Mi sedetti e iniziai a suonarlo. Sbalordito, scoprii di stare premendo spontaneamente i tasti giusti. Non potevo credere che tale abilità si fosse sviluppata in così breve tempo, sapevo che era la grazia di Amma a fluire dalle mie dita. La sua benedizione divina mi aveva reso capace di suonare, soddisfacendo così il mio desiderio.

Ecco com'è nato il canto *Nilambuja Nayane*.

nīlāmbuja nayanē ammē nī arinnō
ī nīrunna cittattin tēngalukaḷ
ētō janmattil cēytoru karmattāl
ēkāntanāyi nān alayunnu

O Madre dagli occhi di loto blu, non presterai ascolto ai singhiozzi di questo cuore afflitto? Se adesso erro solitario in

questo mondo è forse a causa delle azioni
commesse nelle nascite precedenti?

Il solo fatto di essere alla presenza di Amma è
tapas. Anche se forse non ne siamo consapevoli, ci
purifica, ci eleva, ci avvicina a Dio, il nostro vero
Sé. Ogni attimo che trascorriamo con lei è come
fare un passo avanti verso il nostro obiettivo.

Infatti non è corretto dire: "Il discepolo è
alla ricerca del Guru" perché, in realtà, è vero il
contrario: "Il Guru è alla ricerca del discepolo".
Perché? Perché il cammino che porta a realizzare
il Sé e a vivere quell'esperienza suprema è del tutto
ignoto al discepolo. Quindi quest'ultimo non ha la
saggezza per potere cercare il Guru, che è sempre
assorbito nello stato di pura coscienza. Come può
l'ignorante cercare la pura conoscenza? Come può
il dolore cercare la perfetta beatitudine? Così, è
il Guru che cerca il discepolo. Se quest'ultimo si
avvicina al Maestro con sincerità, gli ubbidisce,
ascolta i suoi insegnamenti e li mette immancabilmente in pratica compiendo la sua *sadhana* come
gli è stato indicato, allora accadranno certamente
prodigi nella sua vita, nel cammino verso la
realizzazione.

Nella nostra totale ignoranza, con le nostre limitate capacità intellettuali e mentali cerchiamo di valutare il modo di operare di Dio. Confinati nel nostro mondo, con una minuscola capacità di comprensione, sentiamo con orgoglio di poter misurare l'incommensurabile, laddove Dio spazza via con uno schiocco delle dita tutte le nostre idee sulla vita e sul mondo. Vediamo tutto capovolto.

Vorrei citare le parole del Signore Krishna nella *Bhagavad Gita*:

> *ūrdhva-mūlam adhaḥ-śākham aśvattham prāhur avyayam*

> Con le radici in alto e i rami in basso, l'albero di baniano si dice sia imperituro. (15.1)

Questo albero capovolto è un'allegoria. Un minuscolo seme dà vita a un albero di baniano gigantesco. Crescendo, i rami si espandono come una foresta in miniatura. Alcuni di essi si abbassano fino a toccare il terreno. Da questi rami spuntano altre radici che penetrano profondamente nel suolo e generano altri rami. La mente umana, i numerosi pensieri e le emozioni sono simili a quest'albero. Ognuno di noi ha dentro di sé l'enorme albero del *samsara*.

Quando guardiamo in uno stagno o in un lago, vediamo il riflesso degli alberi che crescono sulle rive. Cosa accadrebbe se dessimo realtà a quel riflesso, dimenticando i veri alberi? Questo è il nostro stato attuale: abbiamo dimenticato la nostra reale natura.

Non importa chi siamo – ricchi o poveri, colti o analfabeti, sani o ammalati – siamo tutti intrappolati in questo albero del *samsara* capovolto. Non vediamo mai la nostra esistenza com'è in realtà, non ne scorgiamo l'inizio, la parte centrale, né la fine. In effetti si tratta di un'enorme illusione che l'aver ignorato a lungo la nostra vera natura ha trasformato in realtà.

Non facciamo altro che trascorrere le nostre vite nell'interminabile catena dell'attrazione per gli oggetti dei sensi, i desideri, l'azione ed i suoi frutti ed altre brame. Mossa a compassione, Amma ci propone di elevarci da questo stato in cui la mente è preda dell'illusione.

Questo famoso versetto della *Bhagavad Gita* viene tradizionalmente recitato alla fine di ogni capitolo:

*sarvadharmān parityajya mām ēkam
śaraṇam vraja
aham tvām sarva pāpēbhyō mōkṣayiṣyāmi mā
śucaḥ*

Abbandona ogni tipo di *dharma* e
abbandonati semplicemente a Me solo.
Ti libererò da tutti i peccati. Non temere.
(18.66)

Proprio come questa promessa di Krishna al
mondo, ai Suoi devoti, così questa è anche la
promessa di Amma ai suoi figli: "Carissimi figli
miei, l'amore che Amma ha per voi è infinito.
Amma si prende cura di ognuno di voi senza
alcuna aspettativa. Imparate ad abbandonarvi.
Amma vi libererà dall'oceano del dolore (*samsara
sagaram*)".

Arjuna era confuso sul suo *dharma* e pen-
sava che la guerra incombente fosse causa di
adharma (ingiustizia). Trovandosi in prima
linea sul campo di battaglia, si comportò come
un codardo, desideroso di fuggire. Tuttavia,
Krishna, il Maestro perfetto, gli infuse coraggio
e lo risvegliò facendogli prendere coscienza della
realtà della situazione. Gli impartì la più alta

conoscenza spirituale e gli insegnò come vedere l'intero evento da un piano di coscienza più alto. La guida perspicace di Krishna riportò Arjuna alla ragione, facendogli capire che la guerra non era una sua scelta essendo già predeterminata. Questa convinzione aiutò Arjuna ad accogliere la situazione con abbandono e lo rese capace di avvalersi completamente del suo potenziale senza alcun senso di colpa o di vergogna.

Possiamo noi vedere Amma in modo perfetto. Possiamo noi riuscire ad ascoltare Amma in modo perfetto. Possiamo noi sentire Amma in modo perfetto. Possiamo noi amare Amma in modo perfetto e farne l'esperienza in modo perfetto.

Amma ci chiama dicendo: "Figli carissimi, venite presto. Voi siete l'essenza dell'eterno OM". Ognuno di noi è "caro" a Dio, ad Amma e al mondo. Ognuno di noi ha così tanto da dare. Abbiamo solo bisogno di svegliarci e di liberare il nostro potenziale interiore. Quindi, ricordate che ognuno di noi è importante. La nostra vita conta e noi possiamo fare la differenza in questo mondo.

Preghiamo:

Amma, possa il tuo sguardo colmo di grazia aiutarmi ad accogliere di buon grado tutte le situazioni della vita.

Possa il tuo sguardo colmo di grazia aiutarmi ad adempiere ai miei doveri vedendoli come un servizio amorevole e disinteressato e non un'incombenza.

Possa il tuo sguardo colmo di grazia aiutarmi a non dimorare nel passato e nel futuro, ma ad essere nel momento presente.

Possa il tuo sguardo colmo di grazia aiutarmi a produrre il cambiamento così necessario in me invece di focalizzarmi sul cambiare gli altri.

Possa il tuo sguardo colmo di grazia aiutarmi a rimanere sempre soddisfatto e felice in ogni circostanza della vita.

Aum Tat Sat – Quella è la Verità.